メキシコ

時代の痕跡と歴史認識

大垣貴志郎

Kishiro Ohgaki

行路社

La conciencia del pueblo mexicano
– La huella indígena, mestiza y española de México –
Kishiro Ohgaki
Editorial Kohrosha, Japón, 2023

まえがき

メキシコとスペインはどちらの国も独自の成り立ちで存在していたが、二つの国と人が遭遇するとそれまでの様子は一変した。ラテンアメリカ世界の誕生につながったからだ。スペインとスペイン人という名称は「大航海時代」の以前でも知られていたが、メキシコとメキシコ人という呼称はまだ認知されていなかった。しかし、紀元前からこの地域に住んでいたさまざまな先住民の歴史は、スペインに征服されると「先コロンブス期」という歴史区分に一括りに分類され、ヌエバ・エスパーニャ（英語ではNew Spain）副王領に編成されると、スペインの海外植民地の歴史に組み込まれて埋もれてしまった。私たちは世界史を教科書で学んだとき、歴史が切断されて消されたようなこの広大な空間をどれほど思い浮かべていただろうか。

ラテンアメリカに関して私たちの理解は深まっているとはいえ、これまでなぜ、メキシコやペルーの古代文明の遺跡にまつわる根強い関心に偏ってきたのだろうかと考え込む。さらに、一九六〇年代初めの国際社会の拡大と変化に連動して、先進工業国と開発途上国の二つの国家集団間に生じた問題が「南北問題」と総称されていたころは、ラテンアメリカ、アジア、アフリカは私たちにとって未知な世界であるということに興味がそそられていた。しかし、近年、ラテンアメリカのとらえかたは大きく姿をかえてきているかもしれない。いまや日本語で一通り、歴史の概説、文学や芸術、日本とさまざまな分野での関わり方や、具体的な問題について文献目録や調査報告も出そろうようになってきたため、この地域を知るためにもう一つの回路を見出したくなる。

スペインに征服されたラテンアメリカではいまでも、スペインを母なる国（madre patria）と呼ぶ人がいる一方で、征服史に窺える残虐行為と植民地であった副王領時代の統治体制は、屈辱的であったと批判されている。そこで、征服されたあとにメキシコ人が抱いた歴史認識をこれまでの歴史像に重ねてみれば、メキシコのみならず、ひいては現在のラテンアメリカの考察に及ぶかもしれない。

ブラジルやカリブ海域の一部の国を除けば、ラテンアメリカはスペインに征服されたので、これらの国の都市の名称はスペイン国内に所在する地名から付けられている。サンティアゴという都市は多くの国にあるし、バレンシア、サラマンカ、コルドバなどもある。この地域の人はスペイン人から姓名、スペイン語、キリスト教などを受け継いだ。黒人奴隷が入植したカリブ海域や、ヨーロッパ系白人が多く移民した南米南部地帯（アルゼンチン、チリなど）と異なり、メキシコやペルーのように先住民が住んでいた地域では、征服者のスペイン人と血の結合をしてその人種的絆を残し、異なる文明は交わってモザイクのような融合した文化を生みだした。その征服された国の人々はひたすら受動的であったという思い込みがあるかもしれないが、しばしば執拗な抵抗をしたと考えてもおかしくはない。

ヌエバ・エスパーニャ副王領は、一九世紀になってスペインから独立するとメキシコとなる。そのあとは、アメリカ合衆国から侵略を受けて国土面積に大きな変化が生じた。親スペイン派とそれに対抗する勢力が対立して熾烈な内戦が終わると、こんどはフランス軍がメキシコシティを占領した。そして撤退したときに、メキシコは自国史を意識するようになる。そのときは母国の定礎をいつに定めるか、その根拠を何に求めるかなどの思索にふけて、それまでスペイン人を意識しすぎていたメキシコ人は、いよいよ、自己のアイデンティティを模索しはじめた。

「一九世紀までのメキシコの歴史に、引力のように重圧をかけてきた過去があるとすれば、どのようなものであろうか。それを考えてみるとメキシコの国のかたちが浮かびあがり、メキシコ人を知る手がかりになるかもしれない」といったのは、『メキシコの百年 1810-1910』の著者エンリケ・クラウセである。過去の出来事がメキシコ史の根底に沈殿しているとすれば、自国の歴史はメキシコ人の心性に重くのしかかってくるはずだ。さらに、「過去は沈殿しているだけで消滅していない。すぎ去ったすべての記憶の溝は今日までなぞられて継承している。これこそメキシコの姿である」という、スペイン市民戦争のときにメキシコに亡命してきた詩人、ホセ・モレーノ・ビージャの言葉がある。それでは、鼓動を打って現代に生きているメキシコの人々のなかに歴史上の出来事は消されず埋伏しているとなれば、どれほどの重みがあるのだろうか。無意識に通り過ぎてしまうはずの記憶もメキシコ人にとって動かし難いものになっているはずだ。

このこだわりについて、アルゼンチン人のホルヘ・ルイス・ボルヘスは「メキシコは過去へのわだかまりから脱却できず、強迫観念にとりつかれている国だ」と述べた。抑圧された記憶は忘却されないというのである。これに対して、メキシコ人オクタビオ・パスは「われわれは過去と和解すべきだ」という。そこで、メキシコ人の陽気な一面だけを見ている人々にパスは『孤独の迷宮』（高山・熊谷共訳）のなかで、「メキシコ人というものは、己のなかに閉じこもり、身を守る存在のように思われる。閉鎖性はわれわれの猜疑心と不信感の一つの手段である。その顔が仮面であり、微笑が仮面である」と、さらに、「生皮を剥がされた者のように、人生を生きていく。気難しい孤独のなかに追いやられている。このような反応は、我々の歴史がどのようなものであり、また我々が作り出した社会の性格がどのようなものかということを考えれば、納得できるだろう」と、この国の人々の潜在意識を語った。

ここでは、歴史的事実を解釈し歴史認識に転化する背景を示して、そのときに認識の違いを生みだした思想の枠組みを理解したいと考えている。

目次

第一章　征服された側の記憶

メキシコシティで二本の幹線道路が交差している場所に、この国の成り立ちを物語る消された歴史の史実が顕彰されている。スペイン人の征服者に立ち向かった先住民の勇姿で、その記憶は消してはならないと判断されたのはなぜだろうか。

第一章　関係年表

前 20000 頃	アメリカ大陸へ人類の移動
前 7000 頃	メソアメリカ地域で原初農耕の開始
前 2000 頃	定住農作村落と土器製作の開始
前 1200 頃	オルメカ文明興る
前 1000 ～ 800 頃	マヤ文明興る、ピラミッド神殿建造
前 500 ～ 1	メソアメリカ各地で都市形成
200	テオティワカンで国家形成
550	テオティワカン古代国家の衰退期
650	トルテカ時代とケツァルコワトル信仰普及
900 ～ 1300	軍国主義的国家の誕生とチチメカ時代
1450	アステカ王国による広域支配
1492	コロンブスのアメリカ大陸到達
1521	アステカ王国滅亡

年表は嘉幡茂『図説マヤ文明』を参考に作成

一　消された歴史

クアウテモックの顕彰像

メキシコシティを訪れる人は、首都の幹線道路のインスルヘンテス通りとレフォルマ通りが交わる地点にある、この国の消された歴史に登場する人物の顕彰像に目がとまる。そこは、メキシコの「独立戦争の闘士」を意味する名称の街路と、メキシコの近代を築きあげた内戦「改革戦争」という歴史的岐路を物語る二つの街路の交差点（図1）で、スペインの征服に抵抗したアステカ王国最後の王クアウテモックの勇姿が見えるからだ（図2）。

図1　二つの街路の交差点（Google Earth：画像取得 2015/12/13）

図2　クアウテモックの像（嘉幡茂 撮影）

ポルフィリオ・ディアス（一八三〇―一九一五）が、メキシコを近代化するための「平和・秩序・進歩」のスローガンを掲げて二期目の大統領に就任していたとき、二本の幹線道路が交わる扇子の要となるような位置に、一人の先住民の青銅製像は一八八七年八月二一日に建立された。現在、レフォルマ通りの遊歩道に立ちならぶ多くの英雄顕彰像の設置とともに、スペインの征服者に立ち向かったアステカ王国の屹然としたクアウテモック王の姿を加えることは忘れられなかったためだ。これはメキシコ人に、自分の国の歴史を形成する根幹的な人物を思い浮かべさせることを、そして外国人がその像を眺めるときに、メキシコはこのような意思を顕示することに誇りを抱く国だと印象づけるためであった。しかも、大統領は将来、この国の人が歴史を回顧するとき、先住民の存在と、特異なモザイク文化などの文化的表象を回想することも予知していたのだろう。メキシコは、スペインに征服されたあとに一辺倒に押しつけられたヨーロッパ系白人の遺産だけを受け継いでいる国ではない、と主張しているかのようだ。

メソアメリカ

先住民は、征服者スペイン人とどんな地域で、また、どのように遭遇したのだろうか。スペイン統治以前のメキシコ中央高原を中心に、ユカタン半島、現在の中央アメリカのグアテマラ、ホンジュラスなどの地域を含む考古学上の古代文明圏はメソアメリカ（キルヒホフ〔Paul Kirchhoff, 1909-72〕によって提唱された地理的な名称）というが、スペイン人が先住民と出会った地域、メキシコもメソアメリカにある（図3）。

図3　メソアメリカ（大井邦明『消された歴史を掘る』より）

メソアメリカとは、中米の古代高文化領域のことをいう。この文化領域は、従来「マヤ・アステカ」というよび方で紹介されてきた。しかし、マヤ文化もアステカ文化も、多くの民族、文化が盛衰をくり返したこの領域における歴史の一部にすぎず、マヤ・アステカをもって古代メソアメリカ全体を説明することはできない。現在でも、マヤを独立した文化圏としたり、テオティワカン文化をアステカ文化と混同したりする例が少なからずみられる。そこで、そうした誤りをおかさないために、この領域のさまざまな文化を総称できるメソアメリカという用語を使う必要がある。

メソアメリカは、北緯一〇度から、同二五度の間に収まり、亜熱帯圏に入る。しかし、この地を縦横に走る山脈によって、驚くほど多様な自然がつくり出されている。雪を頂く高山、温暖な気候の高原地帯、熱帯降雨林、太平洋岸と大西洋岸の長大な海岸線、高原地帯と海岸の間に横たわる広大なステップ地帯など、さまざまな自然景観をみることができる。

こうした多様な自然のもとに、メソアメリカ各地に地方的特色をもつ文化が生み出されていき、それぞれの自然が与える恩恵をもって各地方が補いあい、全体としてメソアメリカ文化とよべる統一体を形成していた。そしてそれは、地球上の他の文化と明瞭に区別できる特徴をもっている。

その第一に、「石器時代の都市」があげられる。技術的には石器時代の段階で巨大な都市を建設していた事実は、世界史の中でメソアメリカ文化を際立たせている。

第二に、メソアメリカの古代都市は、その中核にかならず「ピラミッド神殿」が建てられていた。

第三にメソアメリカ都市文化を支えた経済的基盤は、トウモロコシ、豆類、カボチャ、トウガラシの四大作物をはじめとする「多種多様な植物の栽培」を特色とする農業であった。

第四に、メソアメリカの精神文化を代表するものとして暦法がある。太陽暦と、メソアメリカでのみ使われた二六〇日暦、そしてその二つの暦の組み合わせからできる五二年を一世紀とするのがそれである。そこから複雑な思想体系がつくり出され、人びとの生活を規制していた。

以上のようなメソアメリカ全体に共通する文化基盤の上に、時代によってさまざまな文化が盛衰を重ね、同時に地方的特徴をもつ文化が形成されていった。そして、それらは一般に、メキシコ中央部、メキシコ湾岸地方、オアハカ地方、マヤ地方、メキシコ西部地方の五地方に区分されている。

（大井邦明『消された歴史を掘る』）

二　記録文書（クロニカ）

クロニカ

こんなメソアメリカにスペイン人がやってきた当時の様子は、クロニカ（史料的価値のある記録文書）を読むと知ることができる。記録したのは主に、キリスト教の布教のために新大陸にきたスペイン人宣教師とクリオージョ（植民地生まれのスペイン人）の教会関係者であるが、あとで述べるように一九世紀には、メキシコ人の歴史家がそれを史料として歴史編纂作業をしていた。これらの歴史家は独立を達成したあとに自国史を物語るようになる。

当時の宣教師は布教するために先住民のことを知らねばならなかった。そのなかには布教の対象者の先住民に偏見を抱いた人と、先住民の尊厳を守ろうとする立場をとる者がいた。そのため、クロニカにはスペイン人が押しつけた非人道的な植民地支配政策と、先住民への不当な労働使役を糾弾した記述もある。多くの宣教師は、副王領時代に先住民について年代記の中につまびらかにしようとした。先住民は自分たちの呼称にこだわるような意識は毛頭なかったが、スペイン人にとっては、先住民はどんな人間かを知りキリスト教をいかに布教すべきかを知る重大な問題であった。

野蛮な習慣

征服直後にヌエバ・エスパーニャ副王領に派遣されたフランシスコ会の宣教師の一人モトリニア司祭（一四九〇―一五六九）は、最初、先住民は野蛮な習慣を持つ人間だと判断してその歴史は抹消すべきだと考えた。のちに、それを消滅させてしまうより記録にとどめて理解しようと試みた人であった。代表的な著作のクロニカの一つで『ヌエバ・エスパーニャ布教史』のなかの第一巻第一〇章「数多くの儀式と生贄のうちに行われたトラスカーラのある大祭について」に次のように書いている。トラスカルテカ人の守護神（Camaxtli）に献げた「カマシトリの大祭典」と呼ばれる祭りであるが、絵文書《えもんじょ》（後述）にはこの様子を描写したものはないとされている。少し長いが引用しておこう。

私はこのトラスカーラにあるわれわれの修道院に移り住むことになった。当地で原住民の祭りについていろいろと尋ねたり調べたりしているうちに、真に残酷きわまりないある祭りの話を聞き出すことができたので、それをここで述べることにする。このトラスカーラの町でも祭りの数は多かったが、そのうちのひとつにここの原住民が崇める主神の祭りがあった。それは毎年三月の初めに行われることになっていた。だが、これとは別に原住民が「神の年」と呼び、四年目ごとに国を挙げて催される盛大な祭りがあった。祭りの年がやってくると、トラスカーラ、ウエホシンゴ、チョルーラの三国のなかで最長老のトラマカスケ、つまり神官が立ち上がり、全員に向かって次のような訓戒を垂れた。「諸君よ、われらが主なる神の年が早くも巡ってきた。諸君はことごとく神に仕え、苦行に励んでもらいたい。もしこれに耐えうる自信のない者は今後五日間のうちにここを去られたい。もし一〇日目に至って苦行を中断して出ていくようであれば、その者はこの神殿にも、またここに仕える者の一員たることに相応しからぬ者とみなされよう。そしてその権利は剥奪され、家に持てるものもことごとく没収されるであろう。

日が落ちるや神官たちは全員小刀の保管されてある場所に集合し、そのうちの四人が太鼓を打ちながら小刀に向かって悪魔の賛歌を歌った。しばらく歌を歌うと、歌も太鼓も止めて沈黙し、それからもうひとつ非常に物悲しい歌を歌った。これによって彼らはその信仰心を掻き立てられ、涙を流し始めるのだった。だが、私は彼らが泣くのはこれから耐えなければならない苦痛のためであったと思う。この二番目の歌が終わる頃には、神官一同の心構えはすでに充分できていて、直ちに神官の一人が、ちょうど熟練した外科医のように、仲間全員の舌の真中に例の祝別された小刀の石刃を用いて大きな穴をあけていった。次いで例の最長老格の神官が、あの断食の行を済ませた人たちが祈りを唱えながら磨き上げた棒のうちの四〇五本を立て続けに自分の舌の穴に通すかと思えば、そのほかの勇気ある古老の神官たちもおのおの四〇五本の棒を自らの舌の穴に通した。棒のなかには手の親指ほどの太さのものや、それよりもやや太目のものもあれば、さらには親指と人指し指で作り輪ほどの太さの棒まで混ざっていた。年若い神官たちでさえ二〇〇本もの棒を舌の穴に通してまるで平然としていた。

この儀式は大祭の断食が始まる夜に行われたが、それは祭りの一六〇日前であった。棒を通すこの苦行が終わると、例の神官が歌を歌うのだが、舌はほとんど動かせない有様だった。だが、それでも歌えば神が大いに喜ぶと信じていたからなんとか歌おうとできる限り努めた。それから神官たちは八〇日間連続の断食に入り、この間二〇日目ごとに各人が先の場合と同数の棒を舌に通す苦行を行った。八〇日が終わると、神官たちは小枝を一本、手に取ってそれをだれにでも見えるように神殿の庭に置いた。これは今度は全員が断食に入るという合図であった。

さて、呟くことさえままならぬようにと、あの信仰心深い神官たちはこの後半の八〇日間も二〇日目ごとに長さ一へーメ（約一五センチメートル）、太さが鴨の羽軸ほどの小さな棒を舌の穴に通すことを止めず、この儀式は神官たちの大合唱とともに続けられた。そしてこの間、老神官は毎夜、先に述べた山に出向いては悪魔に沢山の紙とコパーリと鶉とを捧げた。彼には四、五名の者が同行するだけで、総勢二〇〇名を超す他の者は広間に残って悪魔の祭りの礼拝に励んだ。山に向かう一行は途中で立ち止まることも休憩することもせずに神殿に戻ってくることになっていた。断食期間中、かの老神官は近隣の町や村に出掛けていっては人々から歓待を受けた。それはちょうどわれわれの間で四旬節の説教をした神父が、信者からいろいろな持て成しを受けるのと同じであった。小枝を手にした彼が首長の家にいくと沢山の食物と織物が差し出されたが、食物の方はそのまま残し織物だけ持ち帰ることになっていた。

祭りの前夜になると、あらためて偶像に供え物がなされた。まず大きな偶像の左腕には金と鳥の羽で作られた大変に優美な円形の楯が付けられ、右手には非常に長くて大きな矢が持たされた。矢の穂先は黒曜石でできていて、大きさは槍の穂先くらいあった。このほかにも沢山の織物と頭巾なしの一種の胴着であるシコーリと呼ばれる品物が供えられた。偶像にはさらにスペインの聖職者が着る、僧服に似た長くて下の方は開けたままの衣装が着せられた。この衣装の縁は木綿糸で縫い取りがしてあったが、材料は兎の毛をちょうど絹のように糸につむぎ、それを染めたものであった。次いで食物が供えられたが、それは沢山の兎・鶉・蛇・蝗・蝶をはじめそのほか野山を飛び廻っている生物だった。こうした動物を全部生きたまま偶像の前に供え、その場で生贄に捧げるのである。この後、真夜中になると神殿に仕える者の一人が悪魔の装束を身に付けて姿を現し、みんなのために新しい火を点じた。これが済むとこの祭りのために残されていたもっとも身分の高い人物の一人が生贄に捧げられた。このおりに殺される者は太陽の子と呼ばれた。この後、大きな偶像のために戦争捕虜を生贄に捧げる儀式が始められ、同時になにか記念行事でも行うかのように他の神々の名を呼んではこれにも生贄の一部が捧げられた。ここでは犠牲者の数に触れるだけにして置く。

例の大きな偶像の名はカマストリといった。オコテロルコ地区にあるその神殿では四〇五人が殺され、そこから半レーグアほど急な坂道を登ったところにあるもうひとつの地区では五〇人か六〇人が殺された。この国にはまだほかにも二八の町や村があるが、それぞれの大きさに見合った人数が生贄として殺された。従って、この日の犠牲者数はトラスカーラの町と国だけで八〇〇人に上った。やがて祭りが終わると、犠牲者の死体は彼らをまだ生きたまま生贄の場に連れてきた人々によって、それぞれ引き取られた。この際に死体の肉の一部は神官のために残すことになっていた。この犠牲者の肉と一緒に人々はようやく約半年ぶりに唐辛を食べるのだった。

（『大航海時代叢書』〔第Ⅱ期〕一四、小林一宏訳）

図4　苦行の儀式（Schele, Linda, and Mary Ellen Miller, *The Blood of Kings: Dynasty and Ritual in Maya Art*, p.198 より）

これは私たちがクロニカから知る、人身御供のありさまの一コマである。太陽神に捧げる儀式は、スペイン人がこんな風に目撃していた（図4）。

絵文書

先住民はマヤ文字やサポテカ文字を持っていたほかにも絵文書を残していた（図5）。それは先住民が生み出した記録伝達方法で、意図を象徴的な描写技術を用いて、鹿皮やアマテという南米産イチジクの果皮に漆喰を塗り描いたもので、その判読は進んでいる。また、先住民社会を詳細にわたり描写した絵文書はのちに、「フローレンス絵文書」（一五七六―七七年頃）などとして完全なかたちで残され、その作業は評価されている。絵文書は保管されている場所や、図書館名、発見された都市名などにちなんで命名された。考古学や文化人類学の研究成果とともに、遺跡の碑銘に残された碑文も暦法、数字とともに古代文明解明に不可欠なものである。

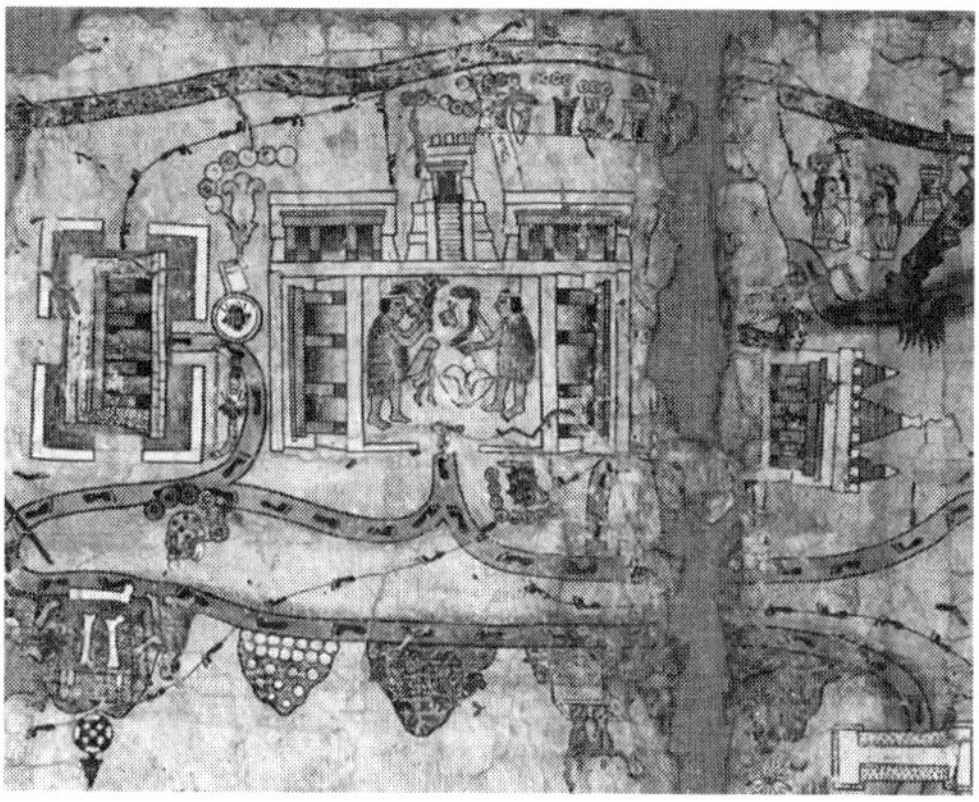

図5　絵文書（『第二クアウティンチャン絵図』より）

また、一六世紀の中葉ごろに、ユカタン半島で布教したフランシスコ会ディエゴ・デ・ランダ司祭（一五二四・二五？―七九）は、多くのマヤ人をキリスト教に改宗させたことで知られている。この人物はモトリニア司祭の最初のようにマヤ古来の先住民の信仰の儀式や習慣は邪教だと考え、それらを人々から徹底的にとり除いた。先住民の書いた書物は迷信と虚偽に満ちていると断じてことごとく焼き捨てた。そのため今日、私たちが得られるマヤ文明についての知識は他の考古学分野の調査と同様に、最新の光学機器やドローンも駆使しながら文献研究成果とともに、焚書から逃れた三冊の絵文書などを源としている。「ドレスデン絵文書」「マドリード絵文書」「パリ絵文書」と呼ばれているものである。

キリスト教の宣教

司祭は先住民に出会うと、どのようにキリスト教を宣教したかについての記述も、『ヌエバ・エスパーニャ布教史』の第四章「原住民の間に洗礼を受ける者が出てきたこと、キリスト教の教理を学び始めたこと、および彼らが抱いていた偶像崇拝について」のなかに述べられている。

宣教師たちは次第に原住民のことばを片言なりとも話せるようになり、メモなしで説教ができるようになってきた。他方、原住民の方も人里を遠く離れてとか、または人目を避けてでもない限り、以前のように偶像の神々の名を呼んだりこれに仕えたりはしなくなった。そして日曜日や祝日には大勢の原住民が神の御ことばを聴きにきた。まず彼らに神とはどのような御方であるのかを教え、次いで神は唯一全能で、初めもなく終わりもなく、万物の創り主であり、その叡智は無限であること、また神は至上の善であり、見うるものと見えざるものすべてを創造し、またそれらすべてを守り、あらしめている方であることを述べてこれを理解させる必要があった。この後、続けて、一応さし当たって彼らに言っておくのが望ましいと思われることも説いて聞かせた。

これが済むと引き続き、聖母マリアとはどなたであるかを教える必要があった。それというのは、それまで彼らはただいたずらに「マリア」、あるいは「サンタ・マリア」という名を口にするものの、これを神の名であると誤解していたために、目にする聖像はどれでもお構いなしに「サンタ・マリア」と呼ぶということを修道士たちは当の原住民から聞いていたからである。さて、以上のことをはっきりさせると、次に霊魂の不滅を説き、それから彼らが信じている悪魔とは何者なのか、そして彼らは悪魔に欺かれているのだということ、悪魔はさまざまな謀りごとをしながらなんとかして、霊魂を滅びの道へ踏み込ませようと虎視眈々としていること、などを説いて聞かせた。

この頃になると洗礼を受けた原住民が天使祝詞、主禱文、キリスト教の教理などを習いおぼえることによって、彼らの心の中にもうひとつの新しい信仰の灯が点ぜられた。こうした祈りは彼らがよくおぼえた。またそれによっていくらかでも喜びを感じることができればと考えて、ベル・シーニュム・クルーチス、主禱文、天使祝詞、使徒信経、サルヴェ・レジーナ、さらに彼らのことばに訳した十戒（旧約聖書の出エジプト第二〇章、一―一七節）と教会の掟などは、すべて思わず聞きほれるような美しい平調曲の形式で教えられた。すると彼らは競ってこれをおぼえようとした。

悪魔の神殿から偶像崇拝が姿を消し、原住民がキリスト教の教理を聴きそして洗礼を受けるのを見て、修道士はもうこれで布教が立派に成し遂げられるものと考えていた矢先、彼らにもっとも大きな障害が残っていることに気が付いた。この克服にはもっと長い時間をかける必要があった。その障害というのは、原住民が夜間に集まっては悪魔の名を呼び、昔ながらの多種多様な儀式を行っては悪魔のために祭りを催すことであった。ことに玉蜀黍の種蒔き時と収穫時には頻繁に祭りが行われた。祭りは彼らの暦の月である二〇日を単位として催され、各月の最後の日は国中をあげての祭日だった。自分たちの神々のなかから主なものを選び、今日はこの神の日、明日はあの神の日といった具合に決めていた。そして各祭りはそれぞれに、いろいろな形で行われる人間の生贄や、その他の多くの儀式によって祝われた。

（『大航海時代叢書』〔第Ⅱ期〕一四、小林一宏訳）

いまでも日本人が洗礼を受けるために学ぶ公教要理のなかで、神は唯一であるとの教えや、聖書や祈禱文の説く意味合いを理解することは容易でないことを考えれば、当時の宣教師が先住民に言語の障壁を克服し、布教活動をしたことは感動的であるといわざるを得ない。新しい宗教をどの程度に会得してから入信したか知ることは、布教する宣教師と改宗者の背景を知る意味で興味ぶかい。詳しくは、第三章四節「カテキズム（公教要理）の表裏」で考えてみよう。

同様の記録編纂作業に、その後、副王領にきたドミニコ会とイエズス会士の宣教師も加わった。オルモス司祭（?―一五七一）は、『ヌエバ・エスパーニャ事物記』を刊行しアステカ人の言語ナワトル語の文法書も編纂している。一方、サアグン司祭（一四九九―一五九〇）も『ヌエバ・エスパーニャの事物と先住民の記録』を著述した。これは一五四七年から三〇年間をついやした労作で、先住民の宗教儀式、芸術、教育、慣習、初歩的な医術、薬学、各種の病気治療体系と呪術、偶像礼拝などを記録している。

サアグン司祭の別の著作、『先住民の迷信について』は、異端者の書物として副王領の教会から発刊（写本も含め）禁止であったため、二〇世紀までその原著が発見されなかったが、一九世紀の歴史家ガルシア・イカスバルセタの編纂によって知られるようになる。メンディエタ司祭（一五二五―一六〇四）の著作『ヌエバ・エスパーニャ教会史』も先住民の教会史で一五九六年に完結したが、サアグン司祭の著作と同様に、刊行後三世紀の間はその存在は世に知られなかった。さらに、サアグンの弟子のトルケマダ司祭（一五五七―一六二四）による『インディアス王国史』は一六一五年にセビリアで刊行され、先住民世界をよく描写した記録の一冊として定評があった。

前述したランダ司祭は、先住民の異教の信仰や偶像崇拝の儀式を忌み嫌ったが、反面、マヤ文明の宗教、言語、伝承、風俗などについて異常な関心を寄せていた。言葉の違いと先住民との意思疎通の困難さを克服して、マヤ人から聞き取り調査をした結果を一つの報告書にまとめた。この記述はユカタン半島部のマヤ地域に偏っているし、体系だったものでもなくキリスト教文明の先入観に左右されているといわれていたが、『ユカタン事物記』と呼ばれる著作となり、マヤ文明の研究には不可欠の資料となっている。焚書を断行した本人の記録が、消された文明をよみがえらせる一役をかっている。私たちは歴史を消された人々がいたことを忘れてはならない。スペインの征服で歪められた歴史しか残っていなくとも、歴史は切断されてはいない。

三　ケツァルコアトル（羽毛の生えた蛇）

ケツァルコアトル

新しい執政者にとって、自分の治世の前にあった粗雑な風習などは記録から抹消することは古代から権力者のしきたりだったというが、メキシコの先住民も歴史の起源はトルテカ人とその優れた文化の創始者ケツァルコアトルとし、その他の記録は残さないようにしていたといわれている。蛇は多くの人に嫌悪感を抱かせる生き物と思うが、羽毛が生えた蛇とはどのような格好の蛇なのか。想像するだけでおもしろい。メキシコでは蛇は特別扱いにされている。羽毛の生えた蛇は、実はケツァルコアトルと呼ばれる神であった。「ケツァル」とはグアテマラの国鳥で、グアテマラ共和国の貨幣単位の名称にもなっている神で、蛇（コアトル）と結びつけられ、水と農耕に関する農業神となった。この蛇は人の名前にもなった。年代記によればトルテカ帝国の第四代の王は八四三年に誕生し、その名をセ・アカトル・ケツァルコアトルと言った。この王は、オルメカ時代からアステカ時代までメソアメリカで根強く習慣として続いた人身供養を否定したことで知られている。

ククルカン

ケツァルコアトルにまつわる史実としては次のようなことも知られている。メキシコ高原に栄え

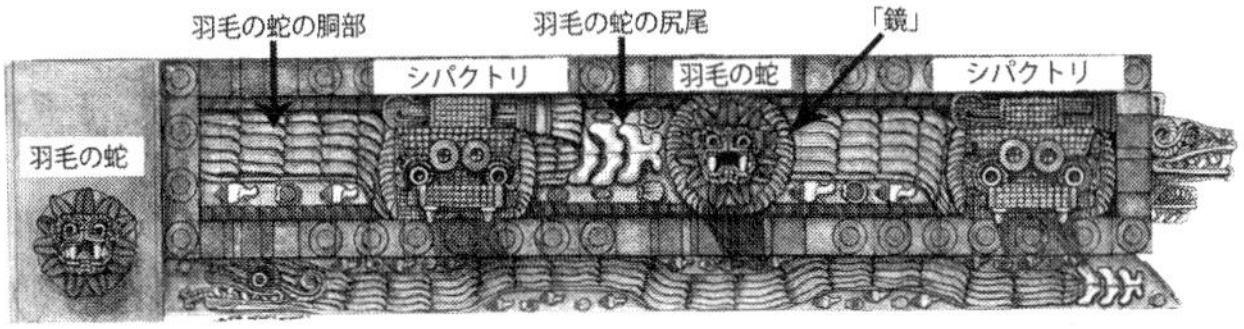

図6　ケツァルコアトル神（嘉幡茂『テオティワカン』より）

たトルテカ王国は、メキシコ北部乾燥地帯の先住民チチメカ人により一一世紀に滅亡した。トルテカの最後の王の名前もウェマク・ケツァルコアトルであった。チチメカ人はさらに、メソアメリカ地域を大移動して各地の文明を破壊したため蛮族の異名をとった。その後、一五世紀に栄えたアステカ王国の王モクテスマ二世（在位一五〇二―二〇）は、コルテスの侵略軍が一五一九年にメキシコ湾岸の港町ベラクルスに到着したことを知ったとき、コルテスの登場をケツァルコアトルの再来と思い込んだ。かつてトルテカ王国内の内紛で敵の奸計に敗れ、東海（メキシコ湾）の彼方に去ったとするケツァルコアトルが再来を期すという伝説が伝わっていたためである。そのためモクテスマ二世はスペインの征服軍に抵抗はしたものの、最後にはコルテスに恭順してしまった。王国の滅亡にこの蛇神がかかわっていたのである。羽毛の生えた蛇神ケツァルコアトル神の姿は、現在、テオティワカン遺跡のケツァルコアトルのピラミッドの壁面に見事な彫刻として残されている。また、マヤの遺跡チチェン・イッツァにも、ケツァルコアトルにあたる羽毛の蛇の石柱や、「ククルカン」（マヤ語で羽毛の蛇）の神殿がある（図6）。

四　二流のスペイン人

クリオージョ

クリオージョは「二流のスペイン人」と呼ばれることもあった。もともとは、スペインが領有したアメリカ大陸で、ヨーロッパ系民族の両親から現地で生まれた人をさしたが、そこにはカリブ海域のフランス領や、スペイン領フィリピン諸島で出生した者も含まれるはずである。この呼称は一種の蔑称の響きをもつことは否めない。一般には、出生地がスペイン本国ではなく植民地生まれのスペイン人をさし、そのためにペニンスラール（半島人）と呼ばれるスペイン本国人（イベリア半島出身の人）と同じ特権が享受できなかった人々である。スペインから派遣されてきた一級官吏、そのなかでも副王は国王代理の執政官、王党軍最高司令官、司教総代理、アウディエンシア（司法機能と行政機能を兼ねた機関）の長官などの権能をすべて掌握していたのである。「現地生まれのスペイン人」は、本国人との間で身分上と職務上の差別を受けた階層で、そのため、クリオージョのなかには独立戦争が始まると、宗主国スペインに闘争を始める先鋒となった者もいることは知られている。一八二一年にメキシコはスペインから独立を達成するが、その時の副王領スペイン王党軍の司令官イトゥルビデは、クリオージョであった。その他にも、先コロンブス期の歴史は消してはならない記録だと判断してよみがえらせたのはクロニスタ（クロニカの記述者）の功績だと述べてきたが、その記録文書の著者の多くはクリオージョである。

その著作の多くは一九世紀の独立戦争勃発前に刊行されていたが、独立後になって改めて注目されるようになる。ドゥラン司祭（一五三七―八八）はその一人で、先スペイン期と副王領時代初期の先住民のことを著作のなかにとどめた。サアグン司祭と同様に、ドゥラン司祭の著作は二〇世紀初頭まで、前述したとおり宗教異端審問所（副王領で廃止されたのは一八二〇年）の判断に左右されて刊行がさまたげられたこともあった。さらに、資料の散逸、印刷費の負担困難などで出版できないなどの理由から、その存在は一九世紀まで知られていなかった記録もある。

一七世紀の人文主義者

先住民については、司祭は先住民から聞き取り調査をしてその記録を分析していた。先住民の宗教体系についてサアグンは詳しく解説しているが、その他によく知られているクリオージョの歴史家として、ディエゴ・ムニョス・カマルゴ（一五二九―七九）や、フェルナンド・デ・アルバ・イストリルショチトル（一五七九―一六四八）、チマルパイン（一五七九―一六六〇）などのメスティソ（スペイン人やヨーロッパ系白人と先住民との混血）や先住民もいた。さらに、イタリア生まれで副王領に渡り公認クロニスタになった異色の人物は、ロレンソ・ボトゥリーニ（一七〇二―五一）でグアダルーペ聖母について調べていた。

その他の業績を残したクリオージョは、まず一七世紀の人文主義者のカルロス・デ・シグエンサ・イ・コンゴラ（一六四五―一七〇六）で、ケツァルコアトルについて研究していた。フランシスコ・ハビエル・クラビヘロ司祭（一七三一―八七）もベラクルス生まれのクリオージョのイエズス会士で、ヨーロッパ古典語に精通しており、先住民のナワ語とオトミ語も駆使して『メキシコ古代史』を刊行し高い評価を得たが、一七六七年に同修道会がヌエバ・エスパーニャ副王領から追放されたときにスペインに帰国している。セルバンド・テレサ・デ・ミエル司祭（一七六三―一八二七）は、ケツァルコアトルがキリストの十二使徒の一人聖トマスの再来だと異端説を唱えたため国外追放され、その後はメキシコの独立戦争を支援する立場をとるようになった。クリオージョは、ペニンスラールとちがって社会的にも経済的にも同じ特権と権益が与えられない立場であるが、スペイン本国への憧憬が複雑に混じり合ってこの差別に義憤を感じていた。しかしながら、『国家の難題』を書いたモリナ・エンリケスは後述する第四章三節で、イトュルビデによる帝政と、サンタ・アナがアメリカ合衆国との戦争で敗北したことは、クリオージョのメキシコ史における最大の失政であったと諦念している。

五　「黒い伝説」

『インディアスの破壊に関する簡潔な報告』

スペイン人のラス・カサス司祭（一四七四―一五六六）は、キリスト教の敬虔な信者が集う古代原始教会を副王領で復活させたい望みを持って布教していた。反面、一五五二年にセビリアで刊行した著書『インディアスの破壊に関する簡潔な報告』は、スペイン海外植民地経営の圧政を糾弾したため、新大陸に領土拡張政策を企てていたヨーロッパの国ぐに（イギリス・フランス・オランダなど）に、スペインは新大陸征服と植民地経営でいかに先住民を虐待しているかなど、スペイン人の狡猾さと残虐ぶりを暴露した「黒い伝説」を普及する口実を与えてしまった。

再版はヨーロッパの中でその数を増やし、一五七九年から一七〇〇年までの間にその数は六十二に達した。この内、オランダ語訳は二十九版、フランス語訳は十三版、英語訳とドイツ語訳はそれぞれ六版、ラテン語訳とイタリア語訳もそれぞれ三版をかぞえた。次いで一九世紀初頭、インディアス各地で独立戦争が始まると再版の第二波が訪れ、この時は翻訳ではなく原文のスペイン語で出版された。一八九八年に米西戦争が始まると、英語の新訳はニューヨークで『西インド諸島で二千万の人間がスペイン人によって残虐に殺害された歴史の真相』と題して出版された。狙いはキューバへの軍事介入にむけて国内世論を喚起させることにあった。

スペインのインディアス征服と統治の告発に利用されたのは、ラス・カーサスの『インディアスの破壊に関する簡潔な報告』だけではなかった。イタリア人のジロラモ・ベンゾーニが書いた『新世界の歴史』（一五六五年）はヴェネツィアで出版され、『ブレビシマ』と並んで広く読まれた。著者ベンゾーニは、アメリカ大陸に十四年間滞在し、この間にベネズエラ、エクアドール、中米、アンティージャ諸島を訪れて、先住民に対するスペイン人の行動をその目で見た。さらに、彼は自らの体験に、『インディアスの破壊に関する簡潔な報告』はもとより、ピエトロ・マルディレ・ダンギエラ、ゴンサーロ・フェルナンデス・デ・オビエド、ペドロ・シエサ・デ・レオンなどによる年代記、なかでもフランシスコ・ロペス・デ・ゴマラの代表作『勝利者スペイン』の第一部「インディアス全史」（一五五二年）の内容を重ね合わせて書いた。ゴマラはインディアスを直接には知らなかったが、メキシコの征服者エルナン・コルテースを筆頭に、スペインに帰国した多くの征服者から直に証言を得て執筆したという。そのために征服者に関する最も信頼できる著作として知れ渡り、イタリア語、フランス語、英語に訳された。

（ジョセフ・ペレス『ハプスブルグ・スペイン 黒い伝説』小林一宏訳）

このように伝説が通説となる背景はあった。

ベンゾーニ『新世界の歴史』

カトリック信者のフランス人ギョーム・ル・ブルトンは、スペイン人征服者はユグノーたち（ユグノーは宗教改革期からフランス革命に至る時期のフランスのカルバン派信徒をさす一種の賤称）によって不当に攻撃されていると述べてその弁護に乗り出し、ゴマラの作品を『エルナン・コルテース隊長の渡航と征服』（一五八八年）と題して翻訳して出版した。このなかではスペイン人を十字軍兵士のように喩えて称賛している一方、先住民は血に飢えた野蛮人だと誰よりも厳しく決めつけていた。

イタリア人ベンゾーニは、参照した作品のなかからスペイン人の貪欲さに関連する個所だけを参照した作品のなかから抜き出して、残虐な所業をことさらに力説した。そしてスペイン人がやってきた頃は二百万人だったサント・ドミンゴの住民で、生き残っているのは僅か十五万人で、これと同じようなことがキューバ、ジャマイカ、プエルトリコでも起きていて、スペイン人はその残虐行為から至る所で先住民の憎しみを買い、これについては当のスペイン人も記録に残していると言った。ベンゾーニの作品は一五七八年に先ずラテン語に訳され、続いて翌年にユグノーの牧師ユルバン・ショヴトンによるフランス語訳『西インドにおける今日までのスペイン人の所業と彼地の哀れな人々に対する彼らの虐待を要約した新たな新世界の歴史』という挑発的な題を付けてジェネーヴで発行され、その後にオランダ語やドイツ語訳などが続いた。プロテスタントの国々が、スペインに挑んだ心理戦の決定打となったのは『ブレビシマ』だが、ベンゾーニの作品も少なくとも肩を並べ、見過ごすことのできない意味を持った。

（前掲書、小林一宏訳）

スペインの新大陸領土拡張政策に根深い偏見を生みだした「黒い伝説」は、誰が、どんな目的で流布させたのか、その問いかけに向き合う背景を垣間見ることができる。

六　先住民世界の評価の変化

恥ずべきメキシコの過去

ある時期に歴史の一つの評価が一定量積み重なってしまうと、やがてそれまでと異なったものに変化してしまうときもある。その例として、メキシコが独立を達成したあとに生まれたメスティソの自由主義者の言説がある。独立したあとに生まれたメスティソのなかには、古代メキシコ時代の歴史は知的な憧憬の的とならず、メキシコは過去のない国で、古代メキシコ帝国は寓話の世界のできごとだと考える者がふえた。古代史評価に変化が生じてきたのである。そこで、『実証哲学講義』や『実証政治体系』を著した哲学者・社会学者のオーギュスト・コント（一七九八―一八五七）の影響を受けた自由主義者たちは、それまでの先住民世界の存在と意義を疑問視する傾向が強くなっていた。「メキシコ人は先住民の末裔ではなく、イダルゴ〔独立運動の先駆者ミゲル・イダルゴ司祭〕の子孫である」と豪語したイグナシオ・ラミレス（一八一八―七九）などは、先住民について記述したディエゴ・ドゥラン司祭の著作『神々とその儀式』などには興味を示さず、その記録は恥ずべきメキシコの過去だと決めつけた。ホセ・ルイス・モラとともに、レフォルマ戦争（後述）の中心人物の一人であったメルチョール・オカンポ（一八一六―六一）も、先コロンブス期は残忍さと混乱に満ちた時代だと語り、他の自由主義者たちとともに古代文明に関心を示さなかった。

記憶すべき古代史

ところが、ポルフィリオ・ディアスの大統領時代（在位一八七六―一九一一）の一九世紀後半期になると評価は一変した。本章一節「消された歴史」で述べたように、ディアスは、メキシコの歴史に貢献した人物の顕彰碑をレフォルマ通りに建立したが、そのなかにアステカ王国最後の王の顕彰像を建てることは忘れなかった。同じく、その頃は、ビセンテ・リバ・パラシオ編著のメキシコの通史『メキシコ、世紀をこえて』は刊行されて古代史が注目され、一八八六年ごろには詩人のエドワルド・デル・バイジェは『クアウテモック』を出版し、一九世紀のメキシコ文学の推進者であったイグナシオ・マヌエル・アルタミラノは『強靭な君主』のなかで、コルテスに抵抗したクアウテモックを称えた。絵画、小説などでも、古代メキシコの英雄を顕彰する創作や著作活動が注目された。マヌエル・オロスコ・イ・ベラがディアスの援助で『古代メキシコとメキシコ征服史』を出版したのはこの時期である。アニセト・オルテガは「グアチモチン」と題するオペラを作曲したし、アルフレド・チャベスは先住民を主題とするドラマ「ショチトル」を書いた。一九世紀後半になると、先住民の評価に肯定と否定の両論が出そろうようになったのはこのような理由があった。

七　「国」と「母国」の違い

巨大な埋葬地

メキシコではじめて刊行された通史は『メキシコ、世紀をこえて』（一八八九年）五巻本であった。刊行されたときはメキシコ古代史を見直す機会になったと前述したが、理由は国（nación）と母国（patria）の定義と、その時代区分を考える時期が到来していたからだ。第二巻でビセンテ・リバ・パラシオは、スペイン人がアステカ王国を滅ぼした一五二一年にメキシコの「国」は建国され、独立戦争が始まった一八一〇年に「母国」が誕生したとする考えを示した。国と母国について、フスト・シエラ（一八四八―一九一二）によれば、「母国」は「国」より広義で、政治体制のみならず文明体系を含蓄した用語になる。

シエラはまた、メキシコは「巨大な埋葬地」あるいは、「異なる文化と文明が重層している地」で、

「廃墟の上に重なったもう一つの地」であると考えていた。現在、メキシコシティの「三文化広場」（図７）と呼ばれる場所を訪れば納得できる。ここには、先コロンブス期の古代遺跡を台座としてその上に重なるように植民地時代のカトリック教会が建てられ、さらにその広場の敷地にメキシコ外務省の高層ビルが建築されている。この地に立てば誰しもメキシコは「廃墟の上に建った国」だと認識させられる。思い返せば、一九六八年のメキシコオリッピック開催年に発生した「三文化広場虐殺事件」は、この広場の周辺道路で起きた惨事であった。

図７　三文化広場（Google Earth：画像取得 2017/4/9）

フスト・シエラは「国」が建国されたとする時期区分についてはリバ・パラシオ説と変わらないが、「母国」説の根拠となる時期区分には同意しなかった。スペインの征服のあとの副王領時代、すなわち、「異なる文化と文明が重層した」時期こそ、「母国」の誕生とする説を述べたからだ。この議論はメキシコ独立戦争が開始された一八一〇年から一〇〇周年に当たる一九一〇年になって、それまで以上に歴史認識が注視され進展した。たとえば、歴史家ホアキン・ガルシア・イカスバルセタは、狂乱に満ちた古代アステカ王国の歴史はコルテスの征服で一五二一年に終焉し、メキシコの「国」が成り立ち、そして、スペインの植民地になった副王領時代は、スペインから異なった制度と文化が伝播され、人種が混血する時代が始まる時期だと説明し、この国にスペイン文明とメキシコ固有の文化が融合したモザイク文化が創出されて、メスティソという新しい人種が誕生した時期だと述べた。そのために、副王領時代の開始時期に「母国」は誕生するとの自論を述べている。話はやや先走ったが、この論議については五章四節「母国の定礎」で改めて考えることにしよう。

ガルシア・イカスバルセタは、一五二一年以前の先住民の歴史をメキシコの「国」の歴史に含めて考えることは、メキシコ史の歴史編纂に混乱を生じさせると判断していた。彼はアステカ王国のメシカ人（アステカ人と同義）は、メキシコ中央高原をさまよい恐怖に満ちた好戦的な国家を築きあげて、神官政治と迷信に支配された国家とその社会をつくり、さらに人身御供を強要し、テノチティトランの神殿を都とする王国を築いただけだと考えて、アステカ王国の滅亡の年、一五二一年をメキシコの「国」の成り立ちの時期だと考えていた。フスト・シエラも一九〇七年刊行の『メキシコ その社会の変革』のなかで、メキシコの「国」の定礎は一五二一年とすると述べている。しかしながら、考古学者や人類学者はメソアメリカという古代高文化領域として人類史上で古代文明圏の一つとして先住民の歴史も研究対象にしていることは言を俟たない。

歴史編纂

「消された歴史」をよみがえらせるクアウテモック顕彰像の建立は、ポルフィリオ・ディアスの時代であるが、この時期にはメキシコ盆地のテノチティトラン、オアハカ地方のモンテ・アルバン、ミトラなどの遺跡の調査と保存運動も本格化された。現在のメキシコ国立人類学歴史学博物館は一九六四年に開館したが、博物館の創設はブカレリ副王（在位一七七一―七九）の時期で、一八八七年には巨大な一本石で作られた重さ二四トンもある「太陽の石」などが展示された展示室も拡充されている。またこの時期は、ドイツ人でメキシコにたびたび訪れたエドワード・ゼーラー（Eduard Seler, 1849-1922）などの外国人研究者が、サアグン司祭の著作の翻訳をはじめ、メキシコ人のフランシスコ・デル・パソ・イ・トロンコソ（一八四二―一九一六）などの多くの著作に注目した。デル・パソ・イ・トロンコソは一九世紀後半に先コロンブス期の研究に没頭した研究者で、考古学のみならず征服以前のマヤ系の人々が書き残した「チラム・バラム書（Chilam Balam）」をマヤ語からスペイン語に翻訳している。コロンブスの新大陸到達四〇〇周年の一八九二年に、マドリッドで新大陸歴史博覧会が開催されたとき、メキシコは歴史史料館を展示している。サアグン司祭の書いた古文書のもっとも完璧な復刻版もこの時期にイタリアのフローレンスで完成されていた。

このように、メキシコ人が一九世紀になって歴史認識を問いつめたのは、メキシコが近代国家へ移行するための一種の通過儀礼であったが、同時に、この時期にメキシコの古代史資料編纂作業は進んだ。カルロス・シグエンサ・イ・ゴンゴラ、ロレンソ・ボトゥリーニ、また、イギリス人で奇人とまで言われたほどマヤ文明の魅力のとりこになった人物、キングスボロー卿として知られているエドワード・キング（一七九五―一八三七）は、九巻に及ぶ大冊を刊行してマヤ文明の遺跡や写生図を出版している。欧米人がエジプトをはじめとする、世界の古代文明探求に拍車をかけた一九世紀、マドリードの歴史学アカデミーで一八六三年にこの文書は見つかり、翌年、出版された。「ドレスデン絵文書」の最初の複製もこのなかに含まれている。これを機にマヤ文明の存在は広く世界中に知られるようになる。マヤ人が絵文字を使い天文学の暦数に優れ、見事な遺跡を残し、高度の文明を生み出していたことを広く示したのである。

また、散逸したと思われていたランダ司祭の『ユカタン事物記』の著作が見つかる二〇年ほど前に、マヤ遺跡を二人一組になって精力的に踏査した人々がいた。アメリカ人のジョン・ロイド・スティーブンズとイギリス人の画家フレデリック・キャザーウッドである。この二人は、多くの人がメキシコの古代文明地帯の存在は空想だと考えていた時代に、その実存を証明したのである。困難な旅をしてチチェン・イッツァやユカタン半島のトゥルム遺跡も訪れている。とくに、キャザーウッドは遺跡の神聖文字を精密なスケッチをして写しとった。『中米・チアパス・ユカタンの旅――マヤ遺跡探索行 一八三九―四〇』（ジョン・ロイド・スティーブンズ著、児嶋桂子訳）に収録されて出版されている。また、オロスコ・イ・ベラは、自著『古代メキシコとメキシコ征服史』の最後の部分を完成している。このような資料編纂作業のなかには、ドゥラン司祭、トルケマダ司祭、クラビヘロ司祭などの一六世紀や一七世紀と一八世紀についての著作も所収されていた。かくして、メキシコの歴史編纂は一九世紀に大きく進展し、征服期と植民地時期、すなわち副王領時代の功罪について、一石を投じるような論議を呼び起こすようになったのである。

第二章　クアウテモックの子孫

新大陸を征服したスペイン人はどのような植民地を築き、そして統治したのか。その地を訪れたドイツ人自然学者の記録がある。その報告書はたちまち世界の人々の知るところとなり、征服者と先住民の様子が伝えられた。

第二章　関係年表

1542	インディアス法制定
1680	インディアス法集成成立
1803	ドイツ人フンボルトのヌエバ・エスパーニャ訪問
1808	メキシコ市参事会による独立への建議
1810	ミゲル・イダルゴの独立運動「ドローレスの叫び」
1821	メキシコ独立達成
1845	テキサス地方はアメリカ合衆国に併合
1846 ~ 48	メキシコとアメリカ合衆国の戦争
1847 ~ 50	ユカタン半島でカスタ戦争

一　軽蔑された先住民

先住民の存在と分布

ポルフィリオ・ディアスにおいては先住民の存在をクアウテモックの顕彰像を建立して、メキシコ人の意識によみがえらせようとした文化人類学的な観点と、この国が近代国家に向かう時に、国家の一員として先住民をいかに社会に包摂すべきか、という政治家としての思案が重なっていた。そのために、先住民をどのように「近代化の列車」に積み込むかということが問題となった。一つの顕著な例として、ポルフィリオ・ディアスがアメリカ合衆国の国務長官、エリフ・ルート（Elihu Root, 1845-1937）の訪問を受けた時、事前にメキシコシティ在住の先住民に五千着のズボンを無料で配布したことがあった。土着的な伝統衣装は、メキシコが国力増強と進歩を示して、先進国への仲間入りをする道筋に障害になるとの懸念が生じたのか、または隣国の代表者に先住民のありのままの姿が露顕することは、自分がこの国を近代化したのだと自負する大統領の自尊心に耐えがたいものであったのかもしれない。

先コロンブス期の先住民は、一五一九年にエルナン・コルテスがベラクルスに到着したあと、スペインを通じてヨーロッパの文明に出くわした。しだいに生活形態のなごりはくずれ、原始宗教の踏襲やそれに執着することにとらわれず、白人と混血を重ねていくと、種族の古い形態に変化が生じ大規模な人種の混血と異なる文明との交錯が実現したため、メキシコは巨大な文化人類学的実験室の様相を見せつけた。

一九世紀後半にはメキシコでどのぐらいの数の先住民と種族が確認されていたのだろうか。ポルフィリオ・ディアスが開催した独立戦争開始百年祭の年の一九一〇年の統計に次のような数字がみられる。メキシコの総人口は一五一五万九〇〇〇人で、先住民の言語を使用している人口から判断して、一九六万三〇〇〇人の先住民がいたと記録されている。総人口のほぼ一三パーセントに当たる。アメリカ合衆国との国境に近いメキシコ北西部のチワワ州にタラウマラ人、ソノラ州とシナロア州にマヨ人とヤキ人、ナヤリ州にコラ人とウイチョール人、ミチョアカン州にタラスコ人が住んでいた。メキシコ中央高原には、ナワ人、マサワ人、オトミ人が集落を形成していた。チアパス州にはツェルタル人、トホラバル人、チョンタル人にソチル人がいた。オアハカ州にサポテカ人、ミヘ人、ソケ人、ウワベ人、ミシュテコ人。ベラクルス州にはワステカ人とトトナカ人。ユカタン州にはマヤ人がいた。このうちナワ人、マヤ人、サポテカ人、オトミ人が四大主要先住民と言われているのは、この人々で先住民人口の約六割を占めていたからである。ポルフィリオ・ディアス政権の末期、すなわち、一九一〇年のメキシコ革命勃発前でも、メキシコシティをはじめ各地で先住民のチアンギス（露店市場）（図8）、

図8　1905年当時のチアンギス（露店市場）
（Archivo Casasola より）

祭り、伝統的な食材を用いた食生活、祭礼や薬草採集とその商いが盛んに行われていた。反面、一九世紀の進歩的人間には、あくまでも先住民の存在は文明国へ脱皮するための障害物のような隠蔽したい対象であったのかもしれない。

『メキシコのゆくえ』を書いた黒田悦子氏によると、メキシコの二〇〇〇年の国勢調査報告書で言語集団の分類と人口はつぎのようになっている。「六四の言語名と話者が記入されている。話者数の合計は約七二八万人で、国民総人口九七四八万人の七・五%にあたる。先住民言語は話さないが帰属意識のある人が、さらに一説によると一一〇万余り数えられたということであるが、村落居住者に帰属意識を問うことがどれだけ正確であるか疑問である」と述べている。国勢調査報告書によると、一九一〇年から一世紀足らずでメキシコの人口は約六倍以上になったが、先住民人口も増加したものの、総人口に占める割合は約半分に当たる七・五パーセントに減少した。

二　先住民、「理想の血統」

魂の救済

スペインが新大陸征服を開始した当初とそのあとでは、先住民に対する評価は著しく異なった。はじめは、先住民は「理想の血統」であった。一六世紀、新大陸に派遣されてきた宣教師や神学者たちは先住民の人格について議論したとき、キリスト教の布教対象者のなかで先住民ほど、魂の救済を受けるにあたいする人々はいないと映った。スペインの征服を正当化するためにも布教活動は不可欠であった。ところが、布教活動を開始するにあたって二通りの先住民についての評価が生じてきた。ラス・カサス司祭のように先住民に人間としての尊厳性を認めようとする前提に立った見解と、その反対の立場に立つ人々がいた。後者に属する一人として、スペインのバジャドリッドでラス・カサス司祭と、先住民の人間性について大論争をしたことで知られているヒネス・デ・セプルベダ司祭があげられる。この司祭によると先住民は、粗暴で猿のごとく野性的で、先天的にスペイン人に隷属するような人間の胎児のような未熟者だ、とした。そのため、先住民に征服戦争は正当だとみなしたのである。また、フェルナンデス・デ・オビエド司祭は、先住民は食うことと、肉欲にふけることとしかなく、迷信に迷わされた野獣と変わりない、とした。コルテスの聴解司祭であったロペス・デ・ゴマラ司祭は、先住民は、人身御供と食人の風習があり、極度に迷信深く生来の奴隷に変わりない、と判断している。先住民に対するこんな偏見に満ちた考え方も、征服直後にあった。

人間集団を何らかの基準で分類し、自らと異なる集団の人々に対して差別的感情をもつ、あるいは差別的言動をとることを人種主義（racism）とする。人種主義においては、分類された集団は多くの場合序列化され、基本的には自らを上位に位置づける集団が自らを優遇し、同時に下位とみなされる集団を差別の対象とする。それらの集団の性質は遺伝するとされるので、差別は世代を超えて続いていく。そうして分類された集団が、「人種」として認識されるのである。つまり差別的なまなざしが、逆説的に人種を作りだしているといえる。そうであれば、人種が示すものも、人種の意味も、時代によって変遷しうる。（平野千香子『人種主義の歴史』）

差別は、それぞれの時代で裏づけとなる制度、文化、思想、宗教、地理、言語、その他に支えられているのであろう。

神学論争

「バジャドリッド大論戦」という会議があった。

一五五〇年八月にカルロス一世（在位一五一六―五六）が召集した〈一四人審議委員会〉のことで一か月間続けられ、セプルベダ司祭の著『デモクラテス』（第二のデモクラテス、もしくは、インディオに対する戦争の正当な原因についての対話のこと）に反論するため、ラス・カサス司祭は著作『弁明の書』で対抗した。セプルベダの主張の基本的な考えは単純なもので独創的でもない。すでに何世紀も前にトマス・アクィナスが同じことを言っていた。戦争を起こすべき大義名分が正義にかない、戦争を遂行する責任者が正当の権威を有し、かつ正しい精神を持ち、適正な方法を守って行う限り戦争は正義であると主張する考えであった。セプルベダはこの説を新世界に当てはめ、次の四つの理由によって原住民に戦争をしかけることは正当で、必要でもあると宣言していた。

一、インディオが犯してきた罪の重さ。特に彼らの偶像崇拝と人間の本生に反する罪。
二、インディオの性質が粗野であるという事実。これは彼らをして、もっと洗練された人たち、例えば、スペイン人に奉仕するよう義務づけるものである。
三、キリスト教を広めるために。原住民を前もって屈服させておくことによって、これはより容易に達成されるであろう。
四、原住民の中の弱者を保護するために。

セプルベダの挙げたこの四点をめぐる攻防で、両者は自分の主張の援軍に引っ張り出した古今の権威者の説を列挙して、カルロス一世国王が諮問した問題点、つまり、征服、発見、開拓は正義と理性にかなって行われたのか、という論議に時間を費やした。バヤドリッドで展開された議論のうち、最も注目すべき主張、そして恐らく当時最も激しい論戦が集中した点は、セプルベダがスペイン人による支配を正当化するために挙げた第二の理由、すなわちインディオは生来、粗野であり劣等であるとする主張であった。インディオはその意味で生まれながらにして奴隷であるというギリシアの哲学者たちの説にぴったり当てはまるのだ、とセプルベダはあからさまに公言したのである。アメリカにいるインディオはみな例外なく粗野な連中で生まれつき知能程度が低く、それゆえ先天的奴隷人 servi a natura に属するから、彼らに優越するスペイン人に奉仕しなければならないという説を採用した。

（L・ハンケ『アリストテレスとアメリカ・インディアン』佐々木昭夫訳）

反面、スペイン人神学者で法学者のフランシスコ・デ・ビトリア（一四八六―一五四六）は、バルトロメ・デ・ラス・カサスの『インディアスの破壊に関する簡潔な報告』が出版される前にすでに、*Relectio de Indis*（『先住民についての報告』、一五三四年）のなかで、「先住民は人でなく猿だ」だと考える人々を糾弾していた。そのような判断は戦慄さえ覚える暴論だと指弾して、当時の国際法に基づく立場から厳しく批判していた。ラス・カサスはスペインで叙階されて一五〇二年に従軍司祭としてはじめて新大陸に渡ってきた宣教師で、スペイン人の征服戦争の過酷で先住民に対する弾圧作戦にその正当性も認めていない。その後、二四年にはドミニコ会修道院に入り、くりかえし新大陸に渡航するたびにスペイン本国の征服戦争と先住民の処遇について疑問は深まるばかりで、八回目に新大陸へ渡航したとき、先住民の固有の土地に対する潜在的所有権を認めることと、スペイン人入植者へ抵抗する先住民の反逆闘争に一定の理解を示すようになった。先住民の闘争は、その後もかたちを変えてメキシコ史に回想的に出現してくる。

また、先住民に対する見解は修道会と宣教師が異なればそれなりの考えを示していたことを知るのは興味ぶかい。場合によって攻撃的で神学論争を全面的に押し出すドミニコ修道会と比べ、穏健的で使徒的な修道会として知られるのはフランシスコ会である。フランシスコ会のモトリニア司祭はスペインの軍事的、国策的な征服は布教活動とともに神の摂理だと考え、その両輪の政策、征服と布教の正当性を支持する前提に立っていた。しかも先住民、迷える子羊を司牧することは宣教師に課せられた使徒的使命だと考えていた。バスコ・デ・キロガ司祭もミチョアカン州のタラスコ人を、トーマス・モアが『ユートピア』（一五一六年）で述べているような信者の理想郷の到来説にもとづいて、布教する対象の人々だと述べたこともよく知られている。イサベル女王も先住民は略奪し使役する対象ではなく、スペイン人の臣下として正当に対応すべきだとしていた。スペイン国王で新大陸を訪問し滞在した経験のあるものは誰一人もいないが、カルロス一世も公刊されたクロニカだけの情報に頼って偏見を抱いていたが、セプルベダ司祭と異なり、先住民は未熟な人間ではなく精神的に幼少期の段階にあるため霊的保護が必要だと考え、さらに、国王はドミニコ会のトラスカラ布教区フーリアン・ガルセス司教が法王パウロ三世に送った書簡も読んでいたので、スペイン国王として先住民の潜在的な本性に関心を示していた。同じくフランシスコ会士メンディエタ司祭も、先住民はアダムとエバの子孫で信仰心さえあればスペイン人と同じように神を敬う能力が備ってくると判断していた。「軽蔑された先住民」と「先住民、理想の血統」など、さまざまな考えが入り混じり合いながら副王領時代は続いていった。

三　ドイツ人フンボルトの訪問

不平等な国

ドイツ人自然学者アレクサンダー・フォン・フンボルト（一七六九―一八五九）は、一八〇三年から一八〇四年三月にかけて、ミゲル・イダルゴが独立戦争を開始する前のメキシコ各地を探索していた。その成果を『ヌエバ・エスパーニャ副王領政治的試論』にまとめている。メキシコ独立戦争開始前の副王領のありさまとともに先住民についての記録も残した。「メキシコは不平等な国であって、世界に稀なほど富、教養、土地所有、人口分布の不均衡がみられる。皮膚の色が白いか白っぽい人間が社会を牛耳っている。白人が、たとえ裸足で馬に乗っていてもその国で彼を貴族と思えばよい」と記述している。

じつは、フンボルトはヌエバ・エスパーニャ副王領を訪問する前年にペルーを訪れていた。トゥパック・アマルの反乱（一七八〇年）が起こった背景をつぶさに研究した。植民地末期、約二万人ほどの先住民が加わりペルー副王領のクスコ地方に起った大規模な反乱は、鉱山や織物工場での強制労働（ミタ制・オブラヘ制）の廃止を要求した。その首謀者トゥパック・アマルはメスティソであったが、正統なインカ帝国の皇統の子孫だと名のり、地方行政官の圧制に反乱を企て一年のちに鎮圧され処刑された。この反乱の影響はアンデス地帯に広く及んだ。メキシコを訪問した時にはペルーの先住民との気質を比較している。

メキシコの先住民はいつも憂鬱でうら悲しく寡黙であるが、突如として沈黙を破り激しい騒乱を起こす。ペルーの先住民の方がより穏やかな気質だ。しかし、メキシコ先住民の反抗精神は痛烈で大規模な行動を誘発する原動力になるかもしれない。

（大垣貴志郎『物語 メキシコの歴史』）

ドイツ人の観察者はメキシコに早晩、国をゆさぶるような大きな動乱が起こるだろうとその著書に書き留めていた。二つの国の先住民気質に相違が生じるのは、おそらく、それぞれの先住民がいかに古代帝国を崇敬していたかその度合いの相違であろうとフンボルトは記述している。

この著書がイダルゴの「ドローレスの叫び」で始まった独立戦争の翌年、一八一一年にメキシコでフランス語版は入手できたのは、一八〇八年にいち早くフランスで刊行されていたからだ。スペイン語版の刊行は独立を達成したあとの一八二二年であった。独立戦争を企てる者には自国について外国からの評価は好都合な資料になるが、スペイン人にはそうとも限らない。出版の反響はフランス、ドイツ、イギリスとアメリカ合衆国の新聞で大きくとりあげられ、メキシコの歴史をヨーロッパの人々に知らせ、メキシコ人に一種の市民権付与をしたような役割を果たした出版物となった。メキシコという国の誕生、メシカ人の王国、それにスペインから独立する正当性を解説していたのである。メキシコの歴史、経済、地勢、地質学、植物学などを科学的見地からはじめて欧米に伝えた情報であった。そのため、すでに流布していたラス・カサスの報告書を巧みに利用してスペインの新大陸政策を糾弾した「黒い伝説」の是正などにこの著書の出版は役立ったという。また、「黒い伝説」の流布した背景としては、スペインの宗教上の不寛容さが露見した異端審問所の存在はその一つとして考えられた。

訪問者フンボルトは、メキシコは敬意をもって接する国で将来を保証された国家になるとの印象を述べていた。一八二二年にフンボルトはメキシコをもう一度訪問したい希望をいだいていたが、独立達成後の絶えまない内乱による国情の不安定と独立国を脅かす外国からの干渉が続き、再度訪問することはなかった。のちに、自由主義者のホセ・マリア・ルイス・モラは、メキシコの国情をヨーロッパに知らしめたフンボルトの書物ほど反響のあった出版物はかつてなかったと称え、同様に、自由主義者で新聞記者、のちに政治家になり「テキサス共和国」の建設に協力したためメキシコの国籍を剥奪されたロレンソ・デ・サバラも、スペインから不当な侵略を受けたメキシコは、いかなる国でいかなる地域に所在する国であるかを世界に示したと、フンボルトの著書を評価した。

四　インディアス法

植民地立法の矛盾

それではスペインに征服されたメキシコは、どのような法体系で統治されていたのだろうか。インディアス法（Leyes de Indias）と総称されていたスペイン領アメリカ立法が施行されていた。最初は一五四二年に制定されている。

固有の意味では、かつてインディアスと総称されたスペイン領アメリカの植民地立法を指すが、広義にはこの地域の植民地時代に行われた法の総体をいう。後者の意味に用いれば、インディアス法の法源は、おもにカスティリャ法と本国から発せられた植民地のための諸立法から成る。(中略)ところで、新大陸の経営のためには既存の制度や法律のみでは不十分であったので、新たな制度や機関が導入され、多くの法令が本国から発せられた。17世紀の中ごろにはすでに40万件を超えていたといわれるこれらの法令は、カスティリャの伝統的な立法技術に従って、整理かつ体系化され、一つの法典の形式を与えられた。1680年、カルロス二世によって公布された〈インディアス法集成〉がこれであり、全9編、218章、6377条から成る大法典であった。(中略)18世紀に入ると本国の対植民地政策が大きく転換し、〈集成〉とは矛盾する多くの法令が生まれた。18世紀末に完成した〈インディアス新法典〉は、わずかにその第一編のみが施行されたほかは草案のままにとどまった。(中略)植民地における活動を本国の立法で隅々まで規制する過度の干渉主義は、植民地の人に政治的自治の能力と経験の育つ機会を奪うことになり、諸国の独立後の政治運営にみられる無秩序と混乱の、大きな原因をもなしてきたと考えられる。

(佐藤明夫「インディアス法」平凡社大百科事典)

本国のヨーロッパにおける勢力の衰えと植民地統治能力のかげりから、植民地の多様な現実を無視して新大陸を一括的に本国の法律で規制する立法は、植民地官吏からも強い抵抗に遭い、条文通りの適応はできず譲歩を余儀なくされていた。そのため当時の植民地では本国の法体系に、「従うが履行せず」が原則であった。

インディアス法はヌエバ・エスパーニャ副王領で宗主国のスペイン人と、植民地の弱者である先住民との関係を規定した法律であるが、あくまでも、先住民を征服者の下僕（esclavo）として使役し、先住民をカテゴリーの低い人間扱いして庇護（tutela）するものであった。法の下でスペイン人と先住民との間で大きな不平等が生じていることや、キリスト教信者として、神の前で人間はすべて平等であるとの教えも、その通りでないことに先住民のなかには悟りはじめた者もいた。

先住民の反抗精神

さらに、スペイン人が新大陸にもたらした病原菌、特に天然痘は抵抗力のまったくない先住民に悲劇的な結果をもたらした。一五二一年から一六三〇年の間に先住民が罹病し、その病死者は先住民人口の約九〇パーセントに及び、その数はアステカ王国で人身御供に捧げられた人数より多かったといわれている。この算定は誇張されているようにも思われるが異なる研究成果も示しておく。ウィリアム・マックスフィールド・デネバンの一九九二年の研究でも一五一九年当時、メキシコ中央高原には一五〇〇万人の先住民がいたが、一世紀後には一五〇万人に減少したとの報告もある。しかし、一八世紀になると人口はゆるやかに回復し増加をはじめたが、一八一〇年に独立戦争が始まった頃には、メキシコシティが所在する中央高原に限ると、わずか四千人ほどの先住民が生存しているだけだった。一方、先住民が植民地入植者から不当で過酷な使役労働を強いられた時には、先住民保護裁判所（Juzgado General de Indias）や、聴聞院（Real Audiencia）に訴訟することができる制度は、規定上であっても、すでに一五二九年に確立されていたことは、法学者フスト・シエラ

（一八四八―一九一二）は評価していた。

先住民がインディアス法に対して、反抗精神を行動に移した最初の組織だった反乱は、一六九二年メキシコシティで記録されている。トウモロコシの不作の年でその年の納税義務に不服を申し立ててそれが聞き入れられなかった時であった。それまでにもスペイン人入植者に対する不満から副王政庁に放火したり、スペイン人の経営していた暴利をむさぼる商店（rayas）へ略奪に入ったりする暴力行為に発展したこともあった。この潜在的反抗精神の意図を知るには、メキシコ人の主食であるトウモロコシの不作と価格の高騰が人心を不安にかきたて、ひいては独立戦争を誘引したとする社会経済学の観点から研究したエンリケ・フロレスカーノ（Enrique Florescano）著『トウモロコシの価格変動と農業生産物の危機　一七〇八―一八一〇』もある。著者は、農作物の価格変動は一般的に気候変動と収穫時期の周期性に左右されるが、主要作物に多様性がなくトウモロコシに限定されていたことと、スペイン人が独占していたアシエンダ経営の生産性は、不作と価格高騰を誘発して社会不安の原因になる確率が高いと述べている。

ミチョアカン地方の司教アントニオ・デ・サン・ミゲルは、スペイン国王に宛てた書簡で、インディアス法はスペインのアストゥリアス地方やガリシア地方の農村地帯の農作物収穫に対する税制をそのまま副王領に公布し、植民地のアシエンダ（大農園）主が先住民を過酷な条件で使役したうえに、さらにスペイン本国と同じ税法で徴収を実行しているのは無視できないと報告していた。この書簡は実際には、当時、司教補佐役だったアバッド・イ・ケイポ司祭の筆によるものであった。そのなかではスペイン人が先住民を統治する方法は、ラス・カサス司祭がいう、法の下ですべての人間は平等だとする人道精神を無視し、過酷な税制は先住民に布教政策から生じる問題より重大な結果をもたらしていると述べた。このことは、メキシコの独立戦争の開始時期に、反独立戦争の立場を最後まで支持していたのは、スペイン人と一部のクリオージョ特権階級の者だけだと考えられていることからも判断できる。多くのクリオージョでさえ、もはやこんな統治方法ではメキシコの独立運動の勃発は早晩、回避することは困難だと判断して独立戦争を支持する側に回った。アバッド・イ・ケイポ司祭もその一人である。

メキシコ市参事会

「二流のスペイン人」も階層化されていた。イトゥルビデ、のちのアグスティン一世は、その特権階級の典型であるといえよう。特権階級のクリオージョとは、ペニンスラールと利害を共有していたごく少数者を指していたと考えられる。一八一〇年の独立戦争を始めたイダルゴ司祭自身は、クリオージョであるが特権階級に属する人物ではなかった。

しかし、地方行政機構の市参事会参事の構成員は特権階級でないクリオージョ出身者であった。筆者はかつて、「メキシコ市参事会議事録（手稿本）一八〇八年—一八二一年」（全一三巻）を、現在のメキシコ連邦区古文書館でつぶさに調べていた時期があった。一八一〇年のメキシコ独立戦争の予兆は一八〇八年三月の臨時市参事会の議事録で見られるが、その史実に合致する議事録を同古

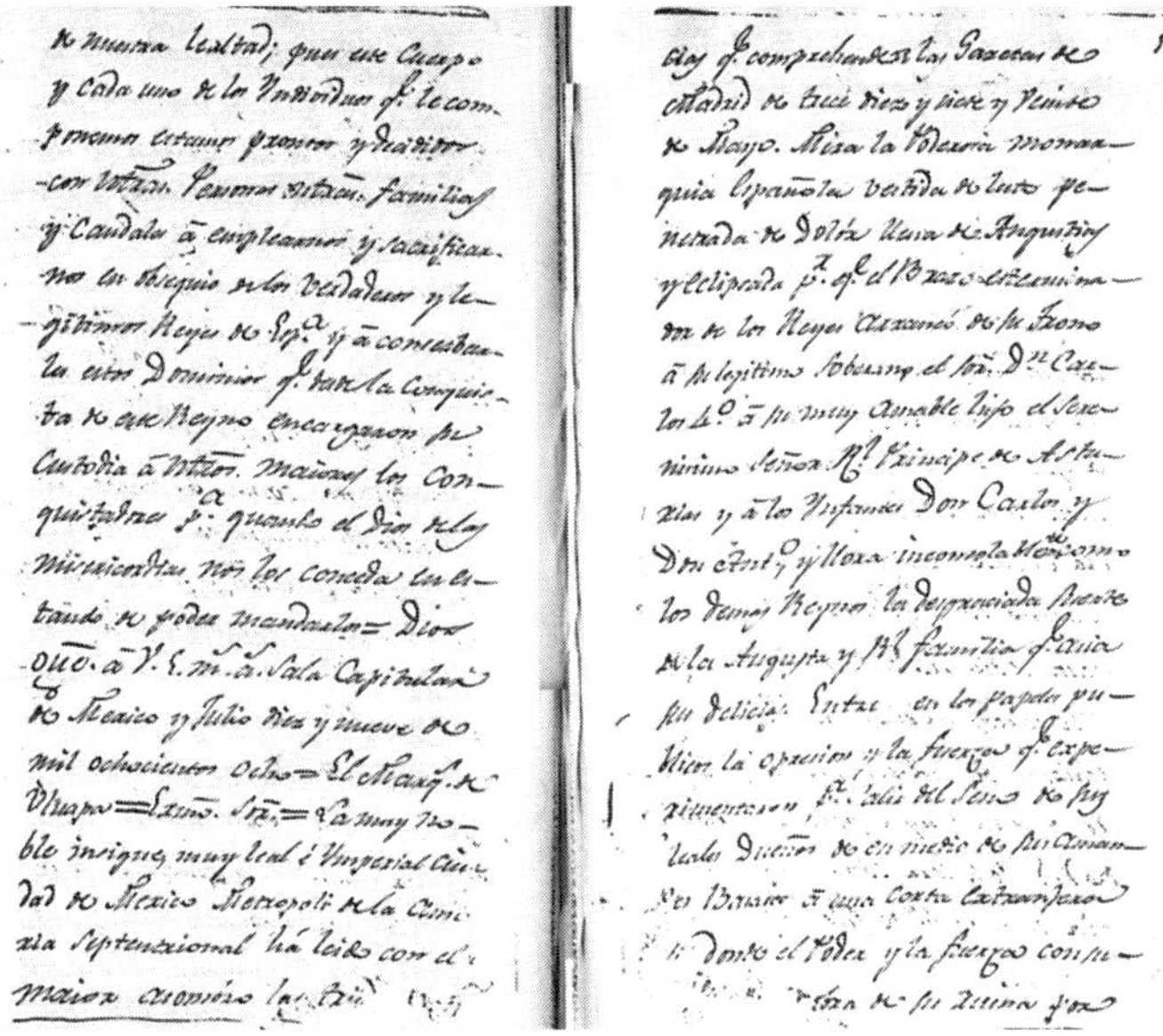

de nuestra lealtad; pues este Cuerpo
y cada uno de los Individuos q.e le com-
ponemos estamos prontos y dedicados
con todas nuestras fortunas, familias
y caudales a emplearnos y sacrificar-
nos en obsequio de los verdaderos y le-
gitimos Reyes de Esp.a y a conservar-
les estos Dominios q.e tras la Conquis-
ta de este Reyno encargaron su
custodia a nuestros mayores los Con-
quistadores [illegible] quando el Dios de las
misericordias nos los conceda en es-
tado de poder mandarlos = Dios
gue. a V. E. m.s a.s Sala Capitular
de Mexico y Julio diez y nueve de
mil ochocientos ocho = El Marq.s de
Uluapa = Exmo. Sor. = La muy no-
ble insigne muy leal é Imperial Ciu-
dad de Mexico Metropoli de la Ame-
rica Septentrional ha leido con el
mayor asombro las [illegible]

[illegible] q.e comprehenden las Gazetas de
Madrid de trece diez y siete y veinte
de Mayo. Mira la poderosa monar-
quia Española vestida de luto pe-
netrada de dolor llena de Angustias
y eclipsada p.r q.e el Brazo [illegible]
[illegible] de los Reyes [illegible] de su Trono
a su legitimo Soberano el Sor. D.n Car-
los 4.o a su muy amable hijo el Sere-
nisimo Señor R.l Principe de Astu-
rias y a los Infantes Don Carlos y
Don Ant.o y llora inconsolable como
los demas Reynos la desgraciada suerte
de la Augusta y R.l familia q.e era
sus delicias. [illegible] en los papeles pu-
blicos la opresion y la fuerza q.e expe-
rimentaron, [illegible]
[illegible] de en medio de sus [illegible]
[illegible] a una Corte Extranjera
[illegible] donde el Poder y la fuerza [illegible]
[illegible]

図9　メキシコ市参事会議事録（著者撮影）

文書館で判読する機会があった。そのとき、書記官の手稿記述文字の解読にはじめは戸惑いを感じていたことを今でも覚えている。関心を引いたのは、副王領にとって宗主国の国王が万一、不在になった時は、副王が海外植民地の主権を確保できる権利を有すると決められていたことである。その事態はナポレオン一世がスペインを侵略した一八〇八年に発生した。その時は、市参事会はただちに副王領の主権を副王が掌握してフランスの侵略から副王領を防衛し、同時に、副王領はスペインから独立できる機会だと判断した（図9）。

それを実行に移したのは市参事会の中心的参事であったホセ・フアン・デ・ファゴアガ、サンチェス・デ・タグレとプリモ・デ・ベルダの三名のクリオージョの首謀者で、第五六代副王イトゥルガライ（在位一八〇三—〇八）に対し、ヌエバ・エスパーニャ副王領をスペインから独立させて、副王領がフランスに領有されることを阻止する建議を進言したのである。これは、副王領時代の象徴的な「独立宣言」となった。この経緯が臨時召集参事会の議事録に記録されている。

そこから引用してみれば、「マドリッドからの公告によれば、カルロス四世は、皇太子〔後のフェルナンド七世〕に一八〇八年三月一九日に王位を譲渡された。その勅令は六月九日に、我々のヌエバ・エスパーニャ副王領に通告された。しかしながら、フェルナンド七世は前国王から譲位された王位を、侵略したナポレオン一世に簒奪されてスペイン国王は不在となった。そのため、この報に接したメキシコ市参事会はただちに、副王領の独立宣言を七月一九日に決議にした」（「独立戦争期のメキシコ市参事会（1808-1815）」京都外国語大学『COSMICA: Area Studies』VII所収、拙稿』）。

この記録で知るかぎり、公文書を本国から大西洋のかなたの副王領に当時の船便で伝達し布告するには、当時、少なくとも三か月を要していたこともわかる。事実、スペインの王位は一八〇八年から一四年まで空位であった。しかし市参事会の策謀は、副王領のペニンスラール（半島人）、すなわち本国から派遣されていた高級官吏のみで構成されていたアウディエンシア（聴聞院）に密告され、陰謀は暴露されて、同年の一一月二二日に副王は直ちに罷免され、クリオージョ参事の三名の首謀者は逮捕された。この未遂のメキシコ独立クーデターは、イダルゴによる独立戦争開始の二年前にメキシコ市参事会らが密謀したのである。ヌエバ・エスパーニャ副王領の独立達成はもはや、時間の問題であった。

インディアス法の影響は大きかった。征服された植民地の人々への人権保障と公正さの欠如は、イダルゴ司祭が一八一〇年に独立戦争を始め、その闘争を支えたメスティソのモレーロス司祭により、戦時下で一八一四年に発布した「アパチンガン憲法」の第二章第四条と、第三章第一三条に明記されている。「先住民、メスティソ、ムラート、黒人などの蔑称はすべて廃止して、アメリカーノ（新大陸の人）の呼称に統一する」との考えがもり込まれた。しかしながらその後も、インディアス法、すなわち植民地立法の矛盾は独立国の成り立ちに大きな影を落とすことになる。

五　二重の「亡霊」

一九世紀にメキシコは二重の亡霊に憑かれた、と述べたのは歴史学者エンリケ・クラウセである。

「仮想スペイン人」

先住民の地位向上のために大胆な政策を提言した人はいた。その一人、フンボルトは、人種の混血こそ、先住民のおかれた不利な立場の改善策となり、さらに、先住民とスペイン人の混血、メスティソこそメキシコ文化のモザイク模様を織りなしていく主人公になれるかもしれないと考えていた。しかし、メキシコは一八二一年に独立を達成し、そのあとは二七年にスペイン人を追放したが、こんどは「二流のスペイン人」となったクリオージョの権力者、サンタ・アナの独裁政治が終わる一八五五年ごろまでは、決してメスティソはこの国の権力を掌握することはできなかった。それを実現したのは、オアハカ地方出身でサポテカ人の血を引くメスティソの法学者ベニート・ファアレス大統領で、インディアス法の矛盾に満ちた立法に対抗する打開策を打ち出した。教会と軍部が副王領時代から課税を免除されていた特権の廃止（ファアレス法・一八五五年）や、教会の不動産所有の禁止（レルド法・一八五六年）を制定したのはその第一歩であった。

さらに、先住民をメキシコ社会にどのように組み込むのか、その手段として提唱されたのは教育改革であった。その成果の一つとしてイエズス会が作ったサン・グレゴリオ学校がある。そこで学んだ先住民の一人、ロドリゲス・プエブラは一八二八年にその学校の校長になった。教育行政の成果はこのようにして示されたが、両政策、混血と教育は、かつて先住民救済策を打ち出したラス・カサス司祭の先住民擁護政策の類似型にすぎない。しかし、先住民の立場を改善する抜本対策が見出されない間に、実力行使は先行してその頃から露見されはじめる。

独立してからも、広大なメキシコの国土で連邦政府の管轄権が及ばなかったユカタン地方は一八四〇年に独立王国として宣言したが、その後に新憲法「共和国組織基本法」が四三年に発布されると、ユカタン地方はふたたびメキシコに併合されたのである。そこでついに、ユカタン半島の先住民マヤ人らは不当な連邦政府からの土地収奪と、カトリック教会からの過度の伝統的宗教への干渉や税徴収に反発する熾烈極める闘争をはじめた。それが一八四七年から三年間続いた「カスタ戦争」となる。すでに四五年にはテキサス地方はアメリカ合衆国の領土に編入され、翌年にメキシコとアメリカ合衆国の戦争が始まった内憂外患の時期であった。メキシコは独立を達成してから二十年以上も経過しながら、先住民対策と国土保全の二つの難題に直面していたことになる。スペインの支配は一八二一年に終わったが、副王領時代にインディアス法を発布したスペイン人の政策の失態はクリオージョが負うことになり、カスタ戦争（一八四七―五〇）は「仮想スペイン人」の「二流のスペイン人」に、先住民が三世紀のちに企てた逆襲になったと、クラウセは考えた。

「仮想メシカ人」

さらに、スペイン人が征服したメシカ人（アステカ王国の先住民）に代わってメキシコの主となった「仮想メシカ人」のクリオージョが支配する国をアメリカ合衆国が侵略したのが米墨戦争（一八四六―四八）である。敗北すると、メキシコの国土の半分に相当する領土を割譲してこの国に歴史的な屈辱感を生み出した。これも「二流のスペイン人」に襲いかかった先住民の亡霊ではないかと、クラウセは歴史の変遷を比喩的に理解している。

メキシコ史の碩学ミゲル・レオン・ポルティージャは著書（Visión de los vencidos）のなかで、スペイン人に征服されたときのメシカ人の憤りと、そのあとの猖獗を極めた絶望感を描いている。

メシーカ族の敗北

人々は泣き叫び　トラテロルコは涙に包まれた
メシーカ族はすでに湖上を船で去った
女たちも去った　誰もが逃げた

友よ　どこへ行こう　これは夢か
今やメヒコは捨てられる
煙が立ち上がり霧が辺りを覆う……

泣け友よ
敗北でわれらはメシーカの国を失ったのだ
水は饐え　食べ物は腐った
これが生命の付与者のトラテロルコに対するご意志

（『インディオの挽歌』山崎眞次訳）

このように、先住民が征服者スペイン人に向けた遺恨をカスタ戦争で「二流のスペイン人」のクリオージョの支配した国を亡霊で呪い、米墨戦争では、亡霊がクリオージョにまとわり憑いて敗北に導いた、と征服された国の人々の怨念の歴史を譬えたのであろう。

六　反乱する先住民

先住民と歴史的問題

先住民はスペイン人と遭遇するまではメキシコの主であったが、征服されるとかれらの文明形態は変貌し、スペイン人の統治が始まると新しい文明様式と言語が伝えられ、宗教はカトリック教に改宗させられたと述べてきた。スペイン人宣教師の布教は強制的であったきらいも否めない。宗教的なユートピアを新大陸につくり出そうとした教会関係者には先住民は「理想の血統」と映ったが、これは「非文明人」の代名詞であった。また、この被征服者は同時に、植民地で黒人などの奴隷階級の人々とともに労働使役を課す対象であったので、先住民を能率的に使役するルールをつくることが必要となり、それが「インディアス法」の制定であった。法律が順守されているあいだは問題はなかった。無定見な規制を強く押しつけ過ぎると、反乱という手段で彼らは意思の貫徹を図った。権力者も先住民の武装蜂起から防衛することを学び、攻撃をかけながら巧みに要求を察知して先住民対策を練りあげてきた。

先住民はほぼ三世紀間続いた副王領時代に、共有地（エヒード）が収奪されていく過程で、スペイン人の小作人に成り果て、そのあとは厳しい納税制度と労働使役が課せられた。メキシコが共和国になりテキサス地方がアメリカ合衆国に併合されて、さらに国の存亡の危機に面した米墨戦争が始まる時期になると、メキシコ各地で土地を収奪された先住民と連邦政府の対立は険悪さを増し、先住民の反乱は全国的な規模に拡大していった。前哨戦としては、イダルゴ州のトゥーラ地方で二万人の先住民の反乱が起こり、ベラクルス地方やチアパス地方、ケレタロー地方でも規模こそ異なるが同様の反乱があったと記録されている。オアハカ州でもベニート・フアレスが州知事の時期（一八四七年）にフチタン地方とテワンテペック地方で、塩田の所有権と先祖伝来の土地所有権を主張した反乱が起こった。

メキシコ中央高原はスペイン人によって一五二一年に征服されたが、マヤ人は、その後もユカタン半島で長い間スペイン人の支配に抵抗しながら孤立していた。スペイン人と混血や同化も進まなかったが、ユカタン半島のスペイン人征服者、コルテスの部下、フランシスコ・モンテホがこの地域の拠点メリダを一五四二年に征服した後は、その征服者の末裔とマヤ人は和平の協定を結んで一七世紀まで大きな対立はなく平穏が続いていた。ユカタン半島はスペイン人の求めていた鉱石などは産出しない石灰岩台地とセルバの密林地帯で、肥沃な農耕に適した土壌にも恵まれていなかった。ここでは征服者の言語、スペイン語の普及は遅れ、先住民と白人との間の信頼関係も築かれず、侵略者スペイン人に対する怨恨は強く、先住民と白人との混血、メスティソは多くみられなかったのがこの地方の特色であった。ペルーの先住民のように伝統文化や儀式も守り貫かれていた。カトゥン（Katún）とは七二〇〇日を示す暦の単位で、そのカトゥン記念祭で二〇年ごとの円環的な予言信仰は根強く、白人を忌避する時期の到来を待っていたともいわれている。

カスタ戦争はそんなとき、一八四七年に始まった。三年間続いたこの闘争はマヤ人がクリオージョのサンタ・アナ政権の弱体な連邦政府へ突きつけた不満の爆発であった。先住民側の要求は、カトリック教に改宗しないで先祖伝来のマヤ人の宗教儀式を継続しながら、スペイン人の要求したカトリック教を混交した宗教形態だけをとり入れたいことであった。経済的な原因は、本来所有していたマヤ人の土地所有権の奪還と確保を求めるもので、このためにメキシコ連邦政府と衝突するようになったのである。ジョエル・ポインセット、駐メキシコアメリカ合衆国初代公使は、メキシコ先住民の土地所有制度の特有な考え方について、先住民の考える土地所有の意識は決して個人所有制はなじまず、あくまでも集落の共同所有制度が定着し、納税義務もそれに応じた体制を踏襲していると、一八二二年にいち早く述べている。連邦政府がその伝統的な制度を逸脱して、土地を個人所有制に改めて納税制度を実施するようになった。結果的には、白人にとって新たに登録された土地を所有者から巧みに取得する手段となった。このため、当時の連邦政府はいまだ国内統一も思うに任せず弱体で一八四〇年代から断続的に北部国境地帯は、アメリカ合衆国からの侵略におびえる時期がはじまっていたので、先住民は土地所有権を防御するには無力な連邦政府と交渉するより、武力闘争に訴える実力行使を選び、宗教形態と土地所有制と納税制度の変更に徹底的に抗戦する道を選んだ一連の係争がカスタ戦争である。

先住民と政治的問題

一八四八年に刊行された『共産党宣言』はヨーロッパを席巻し、メキシコにも社会主義という新しい考え方が伝わり、調停機能の乏しい連邦政府に対抗する人々にとって、反抗精神の都合のよい理論的な支柱となった。同じころ、先住民による武力闘争の原因は地域に根ざし偏在化していた歴史的問題から、政治的問題に変貌したと指摘したのは、メキシコの法学者のフスト・シエラである。一八四三年の新憲法発布前年の制憲議会が開催されたときに、新しい政党が誕生していた。政党は様々な先住民対策を提出して支持者をふやし、議会の議員数の獲得をめざすのがこの時期であった。自由主義派政党、サンタ・アナ政党、君主主義派政党、穏健主義派政党などは、スローガンとして先住民問題とその対策を掲げた。

カスタ戦争はのちに連邦政府によって鎮圧されると、逮捕されたマヤ人の内でおよそ二千人はキューバの農園に奴隷として送られていた。このように先住民問題の行方は、土地所有制度と税制問題から、宗教問題や貧困問題対策と教育の普及が優先課題となり新たな段階に発展していく。米墨戦争に敗北して「グアダルーペ・イダルゴ条約」で国土の半分を割譲したあと、保守派の要請で帰国したサンタ・アナは米国との国境地帯のメシージャ地域をアメリカに売却した翌年に、軍部のクーデターで退陣したのが「アユトラ事変」であった。「二流のスペイン人」、クリオージョ階級の支配体制が終焉した時期でもあり、メキシコはいよいよ、先住民とスペイン人が「血の結合」をしたメスティソの国となっていく。

先住民問題の解決手段は新たな局面をむかえて、自由主義者と保守主義者の二極に分裂していくなかで展開していった。自由主義派政党の先住民対策の論陣に三通りの主張があった。まず、急進派のメルチョール・オカンポ（一八一四―六二）は、先住民から教会維持費の強制的な徴収制度を撤廃することを政党の綱領として掲げた。守旧派は従来通り階層社会の維持をはかり先住民問題に関心を示していなかったからである。一八一八年生まれのメスティソ、イグナシオ・ラミレス（一八一八―七九）は、大土地所有者が依然として広大な土地を所有している実情を社会的かつ政治的側面から糾弾して、大土地所有制の解体こそ先住民問題解決の道に至るとする改善策を提出していた。ミゲル・レルド・デ・テハダ（一八一二―六二）も、経済的観点から全土にみられる大土地所有者や有力者からの教会への土地などの寄進で蓄積された未開墾地や、広大で利用可能な土地を放置して所有している教会の不動産解放問題の解決と有効利用こそ、先住民問題解決策に結びつくという考えを主張していた。これが後に制定された「永代財産解放令」となる。メキシコの独立戦争と、メキシコ革命とならんで大きな変革期とされるレフォルマ戦争、すなわち、改革戦争は、クリオージョからメスティソへ国の歴史の担い手が変貌していく段階で、植民地遺制を画期的に改革する転換期となった。メキシコで一八五七年に記念碑的な自由主義憲法が制定されたといわれる由縁はそのためである。

七　クアウテモックの子孫

「アリカの虎」

カスタ戦争がユカタン半島で始まった頃のメキシコは、アメリカ合衆国と国境問題で戦争がはじまった内憂外患の時期であったと述べた。二つの闘争は一八五〇年までには終結するが、その後に「レフォルマ戦争」（一八五八―一八六一）という内戦が起こり、メスティソは、「二流のスペイン人」のクリオージョに代わる権力者階級の人間に化した印象を、「クアウテモックの子孫」である先住民に与える結果になってしまった。権力者の交代で重苦しい空気が漂った先住民の反乱は、これまでとかたちを変え、また、異なる地域で展開していった。

ユカタン半島の先住民の反乱と別途に、メキシコ北部でヤキ人やナヤリ州のコラ人やウイチョール人は、カシケ（先住民の首領）の一人、「アリカの虎」という別称のあるマヌエル・ロサダを首領に仰いで、先住民の要求貫徹のため圧力集団を形成していた。この地方はユカタン半島に加えて、連邦政府の権限の及ばない無法地帯となり、先住民の闘争は飛び火したのである。

『メキシコ先住民の反乱』を書いた山崎眞次氏によれば、一九世紀中葉、メキシコの中西部に位置するハリスコ州で大規模な農民反乱が続発したが、その指導者はマヌエル・ロサダというインディオの血を引く農民である。ロサダは、州都のグアダラハラから北西へ二〇〇キロ離れたテピック（現在のナヤリ州）の東部山岳地帯や、アメリカ合衆国との国境地帯を活動拠点にして州政府軍を翻弄していた。ロサダに関しては盗賊、無法者、殺人者といった悪のイメージが長くまとわりつき、ハリスコ州の支配階級の間で評判は芳しくなかった。「虎」という呼称は、彼の抵抗に手を焼いた政治家や企業家の意を反映し、ロサダの残忍性を表象しようとするための命名であった。一方、農民たちは共和国政府の打ちだす改革諸法に苦しんでいたので、権力に抵抗した義賊のロサダ軍へ勇んで参加した。エリック・ホブズボーム（Eric Hobsbawn）の『匪賊の社会史』に登場するロビン・フッドのメキシコ版ともいえる。連邦政府の自由主義者にとり獰猛な「虎」でも、農民や非合法的な交易を望む外国人貿易商にとっては、頼りがいのある「虎」であった。

オトミ人の首領

アメリカ合衆国と国境を接する地帯のヌエボ・レオン州、タマウリパス州やサカテカス州などのメキシコ北東部では、オトミ人の首領であったトマス・メヒーアが、シエラ・ゴルダ山岳地帯の権力者であった。この地方も一九世紀の半ばになっても連邦政府が干渉できない先住民だけの別世界であった。メヒーアは一八六〇年ごろから、亡命政府を率いるファアレスに対抗してマキシミリアン皇帝（後述）の陣営に協力したので、マキシミリアンがファアレスの命令でケレタロで銃殺されたとき、フランスでナポレオン三世と会見しスペインではイサベル二世が引見したことのある反ファアレス陣営のメキシコ軍人のミゲル・ミラモン（一八三一―六七）とともに処刑された一人であった。

一九世紀の後半になってもメキシコの北東部、中西部、アメリカ合衆国に隣接する辺境地帯は連邦政府にとっては無法地帯であった。そのためテキサス地方を喪失した理由と、米墨戦争に敗北した背景にこんな国内事情があったと知れば理解しやすい。四百万平方キロメートル以上の広大な国土に、僅か七百万人ほどの人間が住んでいたメキシコに深刻な事態が引き起こっていることなど、この国の人は気がついていなかった。サンタ・アナはそんな時代のメキシコに君臨していたのである。

君主の白昼夢

メキシコには二つの独立戦争があった。一八一〇年と一八六七年である。二つ目の独立戦争とは、アメリカ大陸に干渉戦争を企てたナポレオン三世がメキシコに樹立したフランスの傀儡政権の君主国に対して、それに対抗していた亡命共和制政権のベニート・フアレスが勝利した戦いである。メキシコの皇帝となったオーストリア帝国のフランツ・ヨーゼフ国王の実弟、マキシミリアンと妻カルロッタの二人は異色の人物であった。その様子は「君主の白昼夢」としてイギリス人マルコム・ローリーが書いた『火山のふもとで』(一九四七年)という小説に描かれている。マキシミリアン皇帝は先住民の悲惨な状況を改善するためには、ヨーロッパから移民を呼び寄せ先住民とメスティソをふやすことが一つの解決策であると考えていたが、「メキシコは革命の国」という認識が強いヨーロッパからは、容易にこの国に移民を呼び寄せることは望めなかったという。また、米国人ジョセフ・シュラールマンの著 *Mexico, a Land of Volcanoes: From Cortes to Aleman*(『火山のような国メキシコ』、一九五〇年)のなかで、副王領時代からメキシコ革命までのこの国は、火山が噴火するような国だと語り、メキシコとメキシコ人気質を巧みに描いている。

さらにまた、マキシミリアン皇帝は、先住民は資質の劣った人間と決めつけて擁護（tutela）する制度は廃止すべきだと述べたり、先住民の固有の土地所有制度・エヒード（共有地）の保全は尊重すべきだと考えていたといわれている。さらに、在位中の皇帝の勅令は、先住民ファウスティーノ・チマルポポカ・ガリシアが翻訳したナワトル語文を添付していたほどである。そもそも、メキシコを侵略した外国の勢力が先住民対策に関心を示したのはきわめて異例であるといわざるをえない。ベニート・ファレスが亡くなり、ポルフィリオ・ディアスが大統領に就任する前年の一八七五年には、すでに七三年にメキシコ―ベラクルス間に鉄道が開通していたが、国内各地の先住民の不満と動揺はこのように収束されていなかった。

一八七六年にはポルフィリオ・ディアスが大統領に就任したが、その時期でもメキシコの辺境地帯ではアパッチ人、コマンチ人などの反乱は収まっていなかった状況など私たちは想像できるだろうか。ハリウッド制作の西部劇映画に登場するその頃の両国の国境地帯の様子や、アメリカインディアンの動向はスクリーン上でご覧になった方もいるだろう。ポルフィリオ・ディアスは三五年間の独裁政権が始まる時期でも、先住民対策は決定的な対策がないまま山積されていく。

無策の時代

ディアス政権の先住民問題はどのように推移していったのだろうか。「虎は眠っているとおとなしい」。これが回答である。打開策は征服開始当初から難問であったが、副王領時代にも検討され、独立戦争のあとは大胆な施策もめぐらされたが、ポルフィリオ・ディアス政権でも対策の効果がないと判断されると、懐柔策を実施する無策の時代が続いた。しかし、メキシコ革命が始まると、急速に民族主義的で急進的な社会変革運動家のエミリアーノ・サパタ（一八七九―一九一九）が登場し、対策に一定の方向性が示された。その流れはメキシコ人の抵抗集団のEZLN（サパティスタ民族解放戦線）に引き継がれ、カルロス・サリナス・デ・ゴルタリ政権の一九九四年一月に、突如、マヤ系先住民のゲリラ組織がチアパス州で武装蜂起したことはいまだ記憶に新しい。このように二〇世紀後半になっても先住民は連邦政府に不満を訴え続けてている。

現代のメキシコで国民の貧困問題と経済格差は大きな社会問題で、いろいろな分野でその歪みが露出している。メキシコのアメリカ合衆国への大きな経済的依存と国境にまたがる問題は、カルロス・フェンテスの小説『ガラスの国境』（一九九六年）にも描かれている。

メキシコの最大の輸出品は、農産物でも工業製品でもマキラでもなく、労働者であることを〔小説の主人公ドン・レオナルドは〕説いて回った。セメントよりトマトよりも、我々が輸出しているのは労働力なのだ。労働力が軋轢にならぬための秘策が彼にはあった。簡単なことだ。国境を通らなければいい。不法行為は避けるにかぎる。……移民の流入は続きますよ。

（カルロス・フェンテス『ガラスの国境』寺尾隆吉訳）

「クアウテモックの子孫」は、この国の成り立ちを考える場合にいつも重要な局面にいる。

第三章　征服の功罪

二つの征服の功罪が問われた。コルテスの征服は侵略戦争だと糾弾し、キリスト教の布教は「十字架の道」を巡礼させたもう一つの征服だとする見解が示された。一方、二つの征服を擁護する立場もあった。

第三章　関係年表

1844	ホセ・フェルナンド・ラミレス『メキシコ征服史の注釈と解明』
1844 ～ 49	ルーカス・アラマン『メキシコ共和国の歴史についての論考』全三巻
1849 ～ 52	ルーカス・アラマン『1808 年の独立機運から現今までの歴史』全五巻
1857	1857 年憲法
1858 ～ 61	レフォルマ戦争
1858 ～ 66	ガルシア・イカスバルセタ『メキシコの史料編纂全集』全二巻
1859	ホセ・フェルナンド・ラミレス『モトリニア司祭の生涯』
1881	オロスコ・イ・ベラ『古代メキシコ史とメキシコ征服史』
1887	クアウテモック顕彰像建立
1889	リバ・パラシオ『メキシコ、世紀をこえて』第二巻
1910	フスト・シエラ『メキシコ国民の政治意識の変遷』

一　コルテスの征服

新大陸の歴史の第一頁

メキシコシティの二つの中央幹線道路の交差点にクアウテモックの顕彰像が建立されてから二十年以上も経過する頃になると、以前に増して多くの人がコルテスのメキシコ征服の功罪について考えを述べだした。独立を達成したあとに歴史書編纂が進んだことと、それまではスペインの権威や教会の教義に抵触して刊行されなかった数々の文献が世に知られるようになったことに由来している。あるいは、メキシコは独立してから大国になったと思う意識が高揚していたのかもしれない、征服の歴史を見直す必要性からか、または、賛否両論の史実を検討する機会が到来したと考えるゆとりが生まれたのだろうか。メキシコにとってスペインに征服された歴史は消えないとしても、それを直視できる国になっていたのだろう。

ここで、メキシコ人とスペイン人の出会いに先立つ、コロンブスの新大陸到達の航海について、いま一度、その歴史認識を思い返してみよう。

コロンブスの航海によって生起した出来事は、いわゆるアメリカ大陸の発見ではなく、（その入口への）到着であり、厳密に言えば、到着したカリブ海の島々とその住民を、そしてまた、その後の歴史延長としての新大陸の全体を、カスティーリャ王の名をもって領有したという認識である。一四九二年十月十二日、コロンブスは到達した第一島であるグアナハニー島に上陸し、領有宣言を行ない、サン・サルバドールと命名した。これはコロンブスの独断ではなく、十五世紀末のヨーロッパ・キリスト教世界の規範に則ったうえの行為であった。すなわち、いまだかつてなんぴとも航海したことない海洋において、いずれのキリスト教君主にも帰属せず、キリスト教を信仰しない無名の島が見つかったとき、その地にキリスト教を伝えることを条件にして領有することができると考えられていた。その具体的事例がカナリア諸島やマデイラ諸島、アソーレス諸島やベルデ岬諸島の領有である。

コロンブスもこうした手続きを知らぬはずはなかった。それどころか、大洋を西へ航海すれば、アジアの東方海域でこれら無名の島のいくつかと出会うであろうと予期していた。コロンブスも読んだマルコ・ポーロの書には、アジア大陸の東方海域には数千におよぶ島が群在すると記されている。これらの島にはたして人が住んでいるのか否か、人がいるとしても、いかなる政体のもと、いかなる宗教を信奉し、いかなる生活を送っているのか、当時のヨーロッパとして知るすべもなかった。このような無名の島に到着した、とコロンブスは判断した。であればこそ、その日、コロンブスはカトリック両王旗と十字架旗を翻してグアナハニー島に上陸し、浜に居並ぶ島の住民を前にして、カスティーリャ所定の手続きにしたがって領有宣言を行なったのである。この事実を踏まえ、時のローマ教皇アレクサンデル六世は一四九三年五月三日付教書をもって、コロンブスが今回大洋の西方で見つけた島々と陸地のみならず、今後同方面で発見される島々と陸地のすべてをカスティーリャ王に贈与するとともに、これらの地へのキリスト教の布教を委託した。これにイギリス王とフランス王は異議を唱えず、発見・航海事業の先頭をきっていたポルトガルだけがカスティーリャとの間で利害の調整を図っただけで（トルデシーリャス条約）、ヨーロッパ世界におけるインディアスの領有問題は決着した。

未知の土地への到着が直ちに領有へとつながるこのような考えは当時のヨーロッパ・キリスト教世界で機能したとしても、コロンブス一行を迎えたインディアスにはなんら与り知らぬことで、異邦人の突然の来訪以上の意味を見出すことはできなかった。その日、領有のための手続きが浜で行なわれている間、島の住民は得体の知れない一行による奇妙な行動をただ唖然として見物するだけであった。これを見て、コロンブスは領有に対する住民からの抗議の意思表明はなかったと述べている（サンタンヘル宛の書簡）。これが新大陸の歴史の第一頁とすれば、さらにその前頁、つまりゼロ頁が存在する。コロンブスの航海の実施を確定するサンタ・フェの協約において、コロンブスは、これより出掛ける航海が成功した暁には、提督のほかに、副王ならびに総督に任命されることになっている。つまり、サンタ・フェの協約日である一四九二年四月十七日の時点で、その数ヶ月後にコロンブスが到着するであろう無名の島々はカスティーリャ王の領有物となることが決定されていたことを意味する。ヨーロッパ世界とインディアスとの歴史関係は、確かに十月十二日をもって顕在するが、そのシナリオはヨーロッパ側により事前に、他者の歴史を先書きする形で作成されていたのである。

（青木康征「あとがきにかえて」『完訳コロンブス航海誌』）

コロンブスが新大陸に到達してから、コルテスがメキシコを征服するまでに一定の時間が流れていた。

「征服者」の条件

征服者 conquistador というエスパニャ語は、conqueror, conquérant 等とはべつに、特別な意味を持つ語として英語やフランス語の語彙にはいっている。征服者とは、単に征服を行う者ではなく、特定の時代に、特定の理念と行動様式を持って征服行為をおこなった人間をさすからである。征服者が活動した舞台は、一六世紀後半の南北アメリカ大陸である。また、彼らは征服によって領土を獲得し財宝をさがし求めると同時に、異教を撲滅してキリスト教をひろめ、福音を未知の世界に伝えるという宗教的使命感を強く抱いていたが、その背景には、八世紀以来イスラム教徒に対して国土回復戦争を戦ってきた、イベリア半島のキリスト教徒の歴史的伝統があったことがしばしば指摘されている。そうした観点から見ると、最後のイスラム王国を降伏させた一四九二年というその年に、アメリカ大陸への道を開くクリストバル・コロン（コロンブス）の航海の成功を見たエスパニャの方が、一五〇〇年、アルバレス・カブラルの航海の途中で発見されたブラジルを領有することとなったポルトガルよりも、「征服者」を生み出す条件をより多く持っていた、と言える。

アメリカ大陸のエスパニャ人による征服は、国家の事業として企画されたのではなかった。コルテスやピサロの征服は、彼らの個人的事業としておこなわれた。コルテスはキューバの、ピサロはパナマ地方の有力者であり、それぞれインディオの割当を持ち資力に恵まれていたので、彼らみずからが資産をなげうって兵を集め、船や武器を調達して探検を実行したのだった。なるほど彼らが国王の裁決や認可を求めたことは事実であるにせよ、王室は彼らの事業に一文も投資せず、かりにそれが失敗したとしてもいささか痛痒も感じなかったであろう。ただ征服が成功したときにはじめて介入の手をのばして略奪品の「五分の一税」を要求し、さらに終局的には征服の成果を取り上げ、領土拡張のために官吏を送りこんで、行政組織の編成に力を注がせたのである。「征服者」の征服は自己の出資による個人的事業であり、したがってそれはいつもかならず投機的性格がまつわりついていた。彼らの行動の記録には、一か八かの冒険的興奮とスリルがあふれている。いくら豊かな財産家だとしても、一個人の出資で集めうる兵力などたかが知れている。だから「征服」の軍隊は、たかだか二、三〇〇人の少人数に少ない場合がほとんどであった。しかも征服者たちはしばしばインディオの大軍と戦い、ときには数百万人の人口を持つ巨大な国家組織と対抗しなければならなかった。この点で典型的なのはやはり、コルテスのメキシコ征服、ピサロのペルー征服であった。メキシコの場合は三百数十人、ペルーの場合は百数十人のエスパニャ人の小部隊が、アステカ国家とインカ国家に戦いをいどんだのである。しかも彼らは奇襲と策略によって相手をおさえつけ、夢のような財宝を手に入れたのだから、なにか現実ならぬ物語の世界の出来ごとのような雰囲気が「征服者」たちの行動を包みこんでいる。アメリカ文学のロマンティシズム時代に、ウィリアム・プレスコットが『メキシコ征服』『ペルー征服』の二大名著に心血を注いだのも、一九世紀フランスのパルナシアンの詩人ジョゼ・マリア・ド・エレディアが、情熱をこめてベルナール・ディアス・デル・カスティリョの『ヌエバ・エスパニャ征服記』を仏訳したのも、おそらく「征服」の史実のロマン性に魅了されたからであろう。

（増田義郎「解説」『大航海時代叢書・第Ⅱ期』一二巻）

征服史は前述したスペイン語の「征服者」に込められている意味合いを理解すれば納得できる。しかも、一五二一年八月一三日のコルテス征服軍のテノチティトラン進軍に意外な一面が加わっていた。クアウテモックのアステカ王国の圧政にその時まで苦しめられていた立場の先住民は、アステカ王国を制圧しようとするコルテスの勢力に加勢したのである。スペイン人の到来は利害を共有する「別の異民族」の登場と推しはかったのかもしれない。先住民からスペイン軍へ兵力の提供をしなかったら、キューバ島を征服したのち、コルテスが先住民と黒人など総勢わずか六百人足らずの遠征軍で、到底メキシコ征服は実現しなかったと考えられる。センポアルテカ人、ウエホツィンカ人、テスココ人とトラスカルテカ人からの援軍もあった。援軍を派遣した先住民がいたことを知った宗主国のスペイン国内で、コルテス指揮下の兵士の先住民への残虐な行為に批判的であった陣営の人にとっても、メキシコ先住民側から援助と支援が、なぜ、提供されたのかは驚きの目をもって受けとめられていた。それはアステカ王国の神権政治体制にながく反目していた周辺の先住民がいて、スペインの征服者の後方支援隊となったからである。先住民の支援隊は、メキシコ北部に勢力を張っていたチチメカ人制圧にもスペイン軍として加わっている。そこには現在のサルティィージョ市、サンルイス・ポトシ市が所在している。コアウイラ州のサルティィージョ市は、一五一九年ごろにトラスカラ地域から七〇家族が引き連れられて植民地がつくられて村が大きくなり、市となり、その地域では、コルテスを援助したトラスカラ人のことはよく知られている。オトミ人の勢力下にあった、今のグアナファト市やサカテカス州のソンブレレテ市もコルテス側についた先住民の兵士が平定した経緯がある。

コルテスの蛮行

征服された国メキシコにとって、征服者エルナン・コルテスの受けとめ方はさまざまである。征服は不当だとする考えの支持者は征服を侵略戦争だと決めつけたからだ。その陣営の人々はコルテスの蛮行を断罪するために、独立したあと、ただちに征服者の墓を破壊してしまう法案を一八二三年のメキシコ共和国議会へ提出する勢力となり、その議案は可決されてしまった。コルテスの征服事業に極端に批判的であった人々のなかで副王領時代の代表的な人物はラス・カサス司祭であった。「先住民の救世使徒」と名づけられるほど先住民擁護のために熱意をこめていた。コルテスを「残酷な司令官」と呼び、さらに住民を大虐殺した「チョルーラの殺戮」はその残酷さの典型的な事例だと挙げている。ラス・カサスの報告にはつぎのように述べられている。

チョルーラおよびその周辺の領主たちはみな、大神官が率いる神官全員の行列を先頭にして、丁重に、しかも、恭しくキリスト教徒たちを出迎えた。彼らはキリスト教徒たちを中にはさんで町へ進み、宿と定めておいた町の領主や頭株の人たちの屋敷まで随行したが、スペイン人たちはその場で彼らを虐殺、（スペイン人の言葉を借りれば）懲らしめようと心に決めた。それは領土の隅々にいたるまで恐怖の種をまき、彼らの勇猛さを見せつけるためであった。スペイン人たちは侵入したところではいつもその手口を用いた。つまり、従順な子羊たちを震えあがらせるために、彼らは残忍で目に余る殺戮を行ったのである。

その計画を実行するために、まずスペイン人たちは、チョルーラでもっとも権力のある領主をはじめとして、その町や町に従属しているすべての村に住む領主や貴族全員に出頭を命じた。彼らはスペイン人たちの司令官〔エルナン・コルテス、一四八五―一五四七〕のところへやって来て話し合いを始めた。すると、スペイン人たちは即座に誰にも悟られず、また、知られることもなく彼らを捕え、荷担ぎ人足として五〇〇〇人か六〇〇〇人のインディオを要求した。やがて、命令どおり、インディオたちがやって来ると、スペイン人たちは全員を邸の中庭に閉じ込めた。インディオたちがスペイン人たちのために重い荷物を運ぶ準備をしている光景を目にすれば、人は誰でもインディオたちに深く同情し憐憫の情を抱くであろう。なぜなら、インディオたちは皮で恥部を覆い隠しているだけで、ほとんど裸同然であり、しかも、僅かな食糧を入れた小さな網袋を肩にかけてやって来て、非常におとなしい子羊のようにじっと屈んでいるからである。その場に居合わせたインディオたちは全員集められ、中庭に閉じ込められた。監視役のスペイン人たちが武装して庭の戸口に立ち、一方、残りのスペイン人たちはみな各自の手に剣を構えていきなり子羊たちに襲いかかり、剣や槍で彼らをひとり残さず突き殺した。この虐殺から逃げのびた者は一人もいなかった。

それから二、三日たつと、山のような死骸の下に隠れて辛うじて生きのびたインディオたちが満身に血を浴びて、そこから這い出て来た。彼らはスペイン人たちのもとへ行き、殺さないで欲しいと涙ながらに慈悲を乞うた。しかし、スペイン人たちは、彼らに対し一片の慈悲心も同情の念も持ちあわせていなかったので、インディオたちがやって来るとすぐ、彼らをずたずたに斬り刻み、さらに、一〇〇人以上の領主を縛りあげた。司令官は部下たちに彼らを火あぶりにし、そののち、生きたまま火中から引き出し、地中に打ちつけた棒に吊るすよう命令した。しかし、おそらくその地方でもっとも権力をもつと思われるひとりの領主がうまくその場を逃げ出し、二〇人か三〇人、あるいは、四〇人の部下を引き連れて近くにあった大神殿に立て籠もった。インディオたちは神殿のことをクウと呼んでいたが、それはまるで要塞のように堅固で、彼らはそこでほとんど丸一日持ちこたえた。しかし、武器をもたないインディオたちがスペイン人たちに立ち向かうのは所詮無理なことであった。結局、スペイン人たちは神殿に火を放ち、インディオたちを火攻めにした。インディオたちは絶叫した。「なんと邪悪な人たちだ。いったい私たちが何をしたと言うのか。どうして私たちを殺すのだ。メキシコへ行くがいい。そうすれば、主君モテンス《ママ》マ王〔モクテスマ二世、一四六六―一五二〇、アステカ国王〕が私たちに代りおまえたちに復讐なさるだろう」と。スペイン人たちが中庭にいた五〇〇〇人か六〇〇〇人のインディオを剣で突き殺していた間、司令官は「ネロはタルピアの丘より、炎に包まれているローマの光景を眺める。老いも若きもみな救いを求めて泣き叫ぶ。だが、ネロはいささか憐みの情も抱かない」と口ずさんでいたそうである。

（『インディアスの破壊についての簡潔な報告』一九七六年初版第一刷、染田秀藤訳）

痛烈にコルテスの暴挙を攻撃した者としては他にも『ヌエバ・エスパーニャ征服史』（一六〇一年刊）の著者であるベルナール・ディアス・デル・カスティージョや、『カスティージャの太平洋沿岸陸地と島嶼群発見の歴史』（一六〇一年、一六一五年刊）を書いたアントニオ・デ・エレラ・イ・トルデシージャと、さらに『メキシコ征服史』（一六八四年刊）の著作のあるアントニオ・ソリスなどがいる。同時にスペイン国王カルロス一世はコルテスの行動規範に抑制が必要だと述べていて、過度の征服事業の貫徹作戦に傾倒し過ぎたことを問題視していたという。スペイン国王に自己の功績を認知させ、征服達成後に応分の代償を論功行賞として要求したことも批判の背景であろう。事実、コルテスにはスペインから「オアハカ盆地侯爵」の爵位とその領地から得る収益が永代財産として付与されていた。スペインから独立した後のメキシコにおける遺産の管財人はルーカス・アラマン（本章三節で後述）であったことも知られている。しかし、コルテスの征服史についての著作は、一五二二年から二五年にわたってスペインで刊行されたが、それが二五〇年後の一八世紀に再版されたのはスペイン本国ではなくヌエバ・エスパーニャ副王領であったことを考慮すれば、彼に対するスペイン本国での評価が影響しているのかもしれない。

征服擁護説

しかし、征服は妥当だと考えた人々もいた。その一人は、副王領時代の末期、征服事業は先住民の人身御供の慣習を廃止するのに役立ったと考えたドミニコ会のセルバンド・テレサ・デ・ミエル司祭である。この司祭は新大陸に出現したグアダルーペ聖母について第一章四節で述べたような、神学的に異端説となる言説を唱えた理由で副王領から追放されている。また、守旧派の代表格ルーカス・アラマンもコルテスの征服行為を強く擁護する立場をとる人物だ。征服直後に征服者エルナン・コルテスにより設立されたヘスス病院内に安置されていたコルテスの遺骨が、独立後に破壊されることを懸念して、それを病院内の石の床に深く隠して破壊されるのを防いだ人物である。その後の一八三六年にも、アラマンは再び地下の墳墓から遺骨を取り出して、敷地内に新しい骨壺に遺骨を移して安置していたのである。これらのアラマンの行為を記録していたのは、レフォルマ戦争時期の代表的な言論人で反教会派の旗手であった自由主義者ホセ・マリア・ルイス・モラであった。この経緯は一九四六年まで知られることがなく、遺骨は紛失したものと懸念されていたが、国立人類学歴史学研究所はその年にその同じ場所の発掘調査をして、遺骨はコルテスのものであることを確認している。当時の病院跡は現在、メキシコ市内にあるヘスス・デ・ナサレノ教会となっている。調査の結果は、年齢、性別、身長、病理（パジェット病という癌の一種）などからコルテスの遺骨であることが判明された。

一方、別の観点から、レフォルマ戦争時代の自由主義知識人の大部分はメキシコが独立したあとに生まれた人々で、そのなかには先コロンブス時代がメキシコ史と直結するような歴史の継続性を認めない考えをいだき、ホセ・マリア・ルイス・モラのように自著『メキシコとその革命』のなかで征服事業は野蛮であったと述べたが、神権政治のアステカ王国を破滅させた点で征服は妥当だと評価していた。さらに、コルテスの偉業を高く評価していたのは、前述したアメリカの外交官で歴史家のウィリアム・プレスコット（一七九八―一八五九）であり、マドリードの歴史学アカデミーに保管されているムニョス文庫の筆写本を調べて著した *History of the Conquest of Mexico*（『メキシコ征服史』、一八四三年刊）のなかで、同じ理由で征服を評価している。プレスコットの論説に賛同して、アラマンも自著『メキシコ共和国の歴史についての論考』で次のようにコルテスのメキシコ征服を称賛していた。「エルナン・コルテスは、メキシコの征服を通じてローマ帝国と同じように、征服した地域に共通の法律、言語、文化を普及させてキリスト教世界を確立させた」と。

征服という犠牲の上に築かれたのが現在のラテンアメリカ諸国であるが、そこでメキシコの征服者コルテスの行状のうち、当時の慣例では敵の捕虜に拷問することは許容されていた事情はあるものの、殺戮の暴挙とその残忍さまで是認することはできるだろうか。さらにインカ帝国のアタワルパ、最後のインカ帝国の王、を殺戮したフランシスコ・ピサロのように残忍だと言われた征服者、ヌーニョ・デ・グスマンは副王領のヌエバ・ガリシア地方、現在のハリスコ州、サカテカス州、アグアスカリエンテス州などの周辺地帯の征服事業をなし遂げたが、現代の私たちはこんな背景を知ってもなお、征服事業は正当化されるのだろうかと懐疑的になる。イエズス会士でフランシスコ・ハビエル・クラビヘロ（一七三一―八七）はその著『メキシコ古代史』のなかで、一六世紀にコルテスを絶賛した風潮や、一七世紀のコルテス英雄伝説にかかわらず、「征服は疑いなく残酷な行為と言わざるを得ないし、理性的にも神学的にも許容できるものではない」と征服者を非難している。

二　征服の功罪

エジプト十災害

コルテスの功罪について、フランシスコ会司祭のモトリニアとサアグンはこんな評価をしていた。旧約聖書の一説を引用したモトリニアによると、コルテスは「聖書のなかでキリストの救いと来臨を告げたヨシュアのような人物」だと譬えて、「迷信の闇のなかで虐げられていた先住民を神の国に導いた」と述べた。そしてサアグンは、コルテスのことを「真のキリスト教徒で、征服軍が先住民オトミ人との戦いで勝利した戦闘は、ちょうど、モーゼの後継者ヨシュアがイスラエルの子孫を救って約束の地へ導いたことに匹敵する偉業で、アステカ王国の都テノチティトランは、古代イスラエルの預言者エレミヤが神に救済を嘆願したエルサレムのようだ」と述べている。「剣と十字架」という二つの征服の一方の担い手、布教に携わった宣教師がこんな言葉でコルテスを称えていた。

さらに、イエズス会司祭のホセ・デ・アコスタも次のように征服は妥当だと考えた。「サタンが、アステカ王国の先住民を隷属化し、人身御供で大量殺戮を強いていたので、スペイン人がアステカ王国を征服したのはその天罰だ」と言った。モトリニア司祭も「スペイン人はメシカ人（アステカ王国の人の総称）に、『出エジプト記』に記載されているエジプト十災害、すなわち、古代エジプトで奴隷状態にあったイスラエル人を救出するために、神がエジプトにもたらしたとされる数々の災害を与えた」とまで言い切ったが、その確信は私たちにどのように響くのだろうか。

一方、功罪を論じる人の出自も影響あるようだ。副王領時代の思想家・詩人・歴史家として名高いカルロス・デ・シグエンサ・イ・ゴンゴラ（一六四五—一七〇〇）は「二流のスペイン人」すなわち、クリオージョであったため、つねに、植民地生まれの者と本国人とを、経済的利益と社会的特権を享受する面で差別した政策を実施したスペイン人に不服を抱いていた。そこで、コルテスが征服事業から得た特権を、そのあとに正当に享受できない不当さを揶揄するために、コルテスを称えることで間接的に、自己の不利益な立場をコルテスと共有したため、コルテス擁護論を展開していた。このように、彼の著書『英雄的愛徳』のなかで、クリオージョとスペイン人の立場の違いから生じる心理作用が功罪論にからみ合う側面を物語っている。

征服の代償

さらに征服者の姿を投影したこんな記録もある。一九世紀の歴史家ホセ・フェルナンド・ラミレス著『メキシコ征服史の注釈と解明』（一八四四年刊）によると、征服者エルナン・コルテス像はつぎのようになる。

もし、スペインに代わりアングロサクソン系の国がこの時代にメキシコを征服していたら、征服された国はどのようになっていたかと仮定する人がいれば、その人に私は躊躇なく言う

――スペインによる征服は、他の国の征服と比較すれば悲劇的ではなかった――。それはスペインが当時、世界で屈指の高度な文明と知的世界を構築していた国で、その国民が、メシカ人、テスココ人、さらにペルーの先住民を征服しても、その破壊の歴史のあとに、すぐさま再生するために人種の混血と文明の伝播を実行したことは、奇跡と言えないだろうか。

（ホセ・フェナンド・ラミレス『メキシコ征服史の注釈と解明』拙訳）

一九世紀の歴史家マヌエル・オロスコ・イ・ベラも『古代メキシコと征服史』（一八八一年刊）のなかで、エルナン・コルテスによるメキシコ征服でアステカ王国が崩壊したのは妥当だと述べた。

アステカ王国で絶え間ない人身御供を要求する国家体制を阻止したコルテスの征服は、残虐性を非難される余地はあるが、キリスト教精神を植えつけた文明国家への歩みの第一歩となったその征服事業は受け入れられるものだ。（中略）宗教的儀式で人間を裁き、死者を祀りあげたスペインの異端審問所の存在は知られているが、異端者と判決し犠牲者を生み出したのは、カトリック教の奇怪で断片的で副次的産物で、人身御供はアステカ王国の死の司式であり、根幹的な国家の儀式であり、二つの儀式は同様には考えられない。（中略）なによりも征服について考えるとき、政治的、宗教的、倫理的な面での賛否の比較論もさることながら、古代メキシコというさまよえる時代を終焉させ、新たな時代の幕開けを告げ、国としての品格を与えたことは征服がもたらした側面であろう。さらにスペイン人がアメリカ大陸を征服したことは、

人類の発展に寄与した快挙だった。（マヌエル・オロスコ・イ・ベラ『古代メキシコと征服史』拙訳）

このように主張し、血の結合と新しい人類の誕生、メスティソに言及したのもこの歴史家である。しかし、レビジャヒヘド副王が、一七九四年七月二日にそれまでサンフランシスコ教会に安置されていたコルテスの遺骨を、ヘスス病院に移転させることを決定したときに、鎮魂葬儀ミサを司式したセルバンド・テレサ・デ・ミエル司祭は、その説教のなかで「征服の記憶がこの地で残る限り、そしてクアウテモックが想起されている限り、ヌエバ・エスパーニャ副王領で彼の霊魂は安息を得ることはないだろう」と述べたと伝えられている。

三　宣教師と「十字架の道」

「十字架の道」

「十字架の道」もしくは「十字架の道行」とは、カトリック信者になると歩むべき道であった。ルカ福音書第九章に「私に従いたい人は、日々、自分の十字架を担いで従いなさい」と書かれているように、教会が奨励してきた聖母マリアへの祈願と、キリストの生涯とエルサレムにあるゴルゴタ（カルワリオ）丘の受難を、ロザリオを手にして信者が念禱と口禱によって黙想する信心である。カトリック教会ミサ典礼書外の祈禱文として最も普及していて、現在でもメキシコ市郊外のグアダルーペ寺院でこの祈りを熱心に唱えている人々の姿を目にする。

メキシコの現代社会を知る私たちは、スペイン人によるキリスト教布教はこの国で一つの宗教論の萌芽になったと考える。そればかりか、目に見える肉体的な過酷な犠牲こそ先住民に強いることはなかったが、『メキシコの精神面の征服』（一九三三年）を書いたフランス人文化史家ロベール・リカールは、布教は「もう一つの征服」だと表現している。キリスト教化とスペイン化は、征服された人々の社会条件の再編成の機会になったことに気づき、西欧化という問題に疑問を抱いた。つきつめると、スペインは海外領土拡大の野心を正当化しようとする要求に布教を結びつけたにすぎないと考えた。

一九世紀後半にレフォルマ通りに完成したメキシコ史にまつわる数々の英雄の顕彰像のなかに、コルテスに同行したスペイン人、フアン・ペレス・マルチェナ司祭とディエゴ・デ・デサ司祭の二人、さらに先住民の擁護者ラス・カサス司祭、トリビィオ・デ・ベナベンテ司祭、通称モトリニアの四人が含まれていた。加えて、フランシスコ会修道士で最初にメキシコを訪れた一人で、先住民のためにサン・ホセ・デ・ベレン学校を創設したペドロ・デ・ガンテ司祭の顕彰は、記念像の建立ではなくソカロ（国立宮殿に面した広場）に近い旧市街地区の街路の一つを、一八六二年に「ガンテ通り」と命名するほどである。すべて霊的世界の「征服者」たちである。

そこで、布教の影響についての論議を比較してみよう。まず、布教は徒労に終わった行為だという考えの持ち主もいた。レフォルマ戦争の自由主義者でのちに、司祭職を捨てて世俗の人となったホセ・マリア・ルイス・モラである。前述したとおり「先コロンブス期」の歴史を否定して、武力による征服事業に一定の理解を示していた人物だが、キリスト教の布教活動と教育事業については、先住民が教養ある人間になるための成長を促したり、新改宗者づくりを目的とした事業は、ともに結果は残さなかったとした。それは、先住民自身が、スペイン人と比較して自分たちは副王領時代の社会の構成員としても、改宗者としても、ともに有益な者として扱われなかったという幻滅感を抱いていたからで、霊的世界の征服は無意味だったと考えていた。

それに反論したのが守旧派のルーカス・アラマンである。主張はつぎのようになる。著書『メキシコ共和国の歴史についての論考』のなかで、宣教師の先駆的で献身的な活躍があってこそ、ヌエバ・エスパーニャ副王領に魂の救済を諭すキリスト教が伝播され定着したと、キリスト教が布教された意義を評価している。つまり、アラマンはスペインによる武力による征服と、布教という「征服」を、ともに肯定したことになる。アラマンといえば、メキシコがスペインに独立戦争を始めた頃に、「スペイン語圏を「木」だとすれば、その木の「幹」はスペイン、「枝」は海外植民地で、枝の一角を占めるのがメキシコだと考えていた。そして、メキシコがスペインから独立しても、継承してきた遺産をかなぐり捨てればその枝は枯れてしまうと断言していた」（『物語　メキシコの歴史』拙書）。

しかしながら、布教はメキシコで「内戦」といわれたレフォルマ戦争が開始した誘因の一つになったことは忘れてはならない。布教はこの国では一つの宗教論の萌芽であり、レフォルマ戦争はその帰結の一つであろう。

布教の帰結

レフォルマ戦争が始まる前年に制定された一八五七年憲法は、スペインの「霊的世界の征服」、すなわち、布教にメキシコが下した一つの帰結となった。

一八五七年憲法は、カディス憲法とアパチンガン憲法と、さらに独立後に制定された三つの憲法（一八二四年憲法、一八三六年憲法、一八四三年憲法）を含め、メキシコで公布された六つ目の憲法であり、（中略）植民地時代の伝統的社会と価値観が残存するメキシコにとり、この憲法制定は革命にも匹敵する近代国家の枠組をつくりあげた憲法となった。

教会に関する条文は、草案の段階のものを含めると次のようになる。ファレス法を取り入れて、特権（フエロ）を否定した草案第二条（制定憲法一三条）、個人の自由を奪う契約（修道院のそれを含む）を否定した草案第一二条（制定憲法五条）、信教の自由を謳った草案第一五条（不成立）、教育の自由を謳った草案第一八条（制定憲法三条）と、レルド法を盛り込んだ草案第二七条（制定憲法第二七条）、聖職者に投票権を認めながら、大統領および連邦議会議員へ立候補する被選挙権を否定した制定憲法第五六条と第五七条、草案にはなかったが追加されて成立した「国家の宗教に対する介入権」を認めた憲法第一二三条である。

保守勢力が排除された制定議会であったにもかかわらず、「信教の自由」が成立しなかった理由は、代議員たちが自由主義者であると同時にカトリック信者でもあり、カトリックを国民統合のシンボルと考えていたからである。（中略）一八五七年憲法に挿入できなかった「信教の自由」は、一八六〇年一二月四日に公布された「信教の自由に関する法」(Ley sobre Libertad de Cultos) によって改めて保障された。全二四条からなる同法では、信教の自由を謳う（第一条）と同時に、憲法遵守、職務への忠誠、裁判所における宣誓など、従来の「神に誓って」宣誓する類の誓約をすべて廃止したほか、教会敷地外での宗教行事の許可制、不動産による寄贈の禁止、教会の時鐘を鳴らす慣例は警察の取り締まりの権限のもとにおかれることなどにいたるまで、詳細な禁止項目と罰則が明記されている。メキシコにおける信教の自由は一八七三年の憲法改正で確立した。その結果、レフォルマ革命期末までに七つのプロテスタント系宗派が、二〇世紀初頭にさらに一五の宗派がメキシコに進出し、これらの宗派のメンバーは合わせて六四万五〇〇〇人にのぼったとされる。（国本伊代『メキシコ革命とカトリック教会』）

このように一八五七年憲法の制定は、教会と保守勢力に反発を誘発したレフォルマ戦争となり、翌年の五八年から三年間続いた。保守派の軍隊は各地の戦場で対抗したが敗北して自由主義者勢力が勝利すると、メキシコはこの時からローマ法王庁と国交を断交することになる。その後に改めてメキシコが法王庁と外交関係を回復したのは、サリナス・デ・ゴルタリ政権の一九九二年九月まで待たねばならなかった。スペイン人による布教はメキシコの歴史にこんな残滓も残していた。

四　カテキズム（公教要理）の表裏

熱烈な布教推進派

さて、布教の実績を知る手がかりとして、熱烈な布教推進派であったモトリニア司祭による報告書『ヌエバ・エスパーニャ布教史』がある。それによれば副王領で「一五年間に九百万人の先住民に洗礼を授けた」と報告している。エルナン・コルテスの征服直前のメキシコ中央部の先住民人口はおよそ二五〇〇万人であったが、そのあと、スペイン人が経営していた農園や鉱山へ過酷な労働に駆り出したことと、征服後にスペイン人から感染した伝染病に免疫不全のために急激に人口減少が生じたことも考え合わせても、一五三〇年代は約一五〇〇万人の人口だと推定できるため、受洗者の数字はいかにも膨大なものとなる。さらに、ケチョラック教区でモトリニア司祭はもう一人の司祭と共に、五日間で一万四二〇〇人にのぼる先住民に洗礼を授けたと述べていることには、もはや、その熱病的な布教活動に誰しも懐疑的になると、ホセ・フェルナンド・ラミレスは、自著『モトリニア司祭の生涯』で述べている。数字の信憑性は別にしても、私たちはなぜそんなに多くの先住民が洗礼を受けたのか、その背景を知りたい。

図10　リバ・パラシオ（エンリケ・クラウセ氏から提供）

第一章六節でもふれた『メキシコ、世紀をこえて』を一八八九年に刊行したリバ・パラシオ（独立戦争の英雄で共和国第二代大統領になったビセンテ・ゲレロは叔父にあたる）は先住民の改宗について興味深い見方をその著書のなかで伝えている。副王領時代の先住民の受洗者は、なにを拠りどころに洗礼を受けたのかという疑問に、「恐怖から洗礼を受けた」、すなわち先住民は征服された国のスペイン国王に恭順していたので、精神的征服にも反抗できなかったための受洗説、または、征服後に予想される被征服者が征服者から受けるかもしれない残忍な仕打ちと迫害の不安から逃れるために、庇護を当てにした受洗説、あるいは、メスティソの農園主が改宗したので、それに盲目的に従順した受洗説などを述べて、新しい宗教の「公教要理」を先住民はどのように理解していたかについて、懐疑的な見方を差し向けていた（図10）。

一九世紀に入ってもメキシコでは一八二の先住民の固有言語は日常的に話されていたので、公用語のスペイン語が通用する地域とそうでない集落が混在していた。そんな状況下で先住民の改宗を容易にさせたのは公教要理の理解より、宣教師が布教活動にとりくむ姿勢と日常的に「清貧と貞潔と従順」の終生誓願を実践している生活への感銘であり、それが洗礼を早めた、とリバ・パラシオは判断した。そのために先住民の改宗動機は悟りを拓く境地に達したあとの決意ではなく、あくまでも「回心は現実主義的な結論」で問題を秘めた改宗だと考えた。先住民は教義を学ぶよりミサ典礼の儀式に参加して宗教的祭事を楽しむことに興味を示していたと述べている。

グアダルーペの聖母

モトリニア司祭は布教にあたっては、「先住民に神の存在を悟らすにはマリア信仰、すなわち、聖母マリアへの敬虔さを説くことからはじめた」と、キリスト教の教義の導入方法を説明している。たとえば、一五三一年にテペジャクの丘で、先住民のファン・ディエゴの前に姿を現したという褐色の肌の聖母グアダルーペ信仰は、征服者と先住民を精神的に一体化させた出来事であったと知れば興味ぶかい。その例としてグアダルーペ聖母についてこんな伝説がある。

伝説によれば、コルテスがアステカの首都をおとした一五二一年から十年ほどたったばかりの一五三一年の十二月九日のあけがた、ファン・ディエゴという中年のアステカ人が、彼の住んでいるクアウティトランの村から首都に向って歩いてゆく途中、ちょうど首都への入り口にあたるあたりで、丘の上に、聖母の姿を見た。

このテペイヤカクという丘には、一一六九年以来、ナウア族が町をつくっており、この町は一四六九年にアステカ人アクサヤカトルに征服された。ここにはその後、神々の母であるトナンチンをまつる寺院がたてられ、遠くから巡礼が来て、トナンチンに花と香料をささげた。

トナンチンという言葉は、ナウア語で「われらの母」を意味するという。この土地にいるわれらの母に対する数百年来の信仰が、スペイン人による征服と迫害とによる中断をへて、突然に、グアダルーペの聖母として、よみがえったのである。　（鶴見俊輔『グアダルーペの聖母』）

メキシコ以外のラテンアメリカ諸国では、メキシコほど熱狂的なグアダルーペ聖母信仰は見受けられないが、この褐色の聖母は敬愛されている。文化人類学者のジャック・ラフェ（一九三〇―）に『ケツァルコアトルとグアダルーペ聖母』（一九七四年初版、オクタビオ・パス巻頭言）の名著がある。

マドリッドのスペイン研究高等学院で教えるフランス人ジャック・ラフェは、「メキシコのユートピア」（『ディオゲネス』日本版、第八号、一九七四年）で、グアダルーペ寺院への巡礼について次のように書いた。

「テペヤークの巡礼は、ある人にとっては黙示録の女と一体化されてはいたが、インディオにとっては昔と変わらぬトナンツィンの母なる神であった。グアダルーペの信心の持つ歴史の古い曖昧さをかかえながら、スペインと西欧キリスト教社会に支配的なマリア信心のかくれみのの下で、メキシコの民族意識が発展することを可能にしたのである。テペヤーク山におけるメキシコの聖性の極化現象が、あらゆる面で中心指向的なメキシコ統一の端緒となり、またその統一を可能にしたことは疑い得ない。」（三保元訳）

ラフェはさらに、「一般に一つの民族は必然的に、漠然としている解放の未来のヴィジョンによるよりも、自らの過去について持ち得るイメージによって、自らの特徴を定めるものだ」として、グアダルーペの伝説が、四百年前の過去に関するものでありながらもメキシコの民衆にとってユートピア構想の機能を果して来たと推定する。このような作業仮説をうけいれるならば、ファン・ディエゴの聖母目撃の伝説は、メキシコ独立運動だけでなく、その後に接続し今なお決して終っているとは考えられないメキシコ革命運動をも背後からおしすすめる象徴であると言えるだろう。イダルゴ神父だけでなく、非命に終ったマデーロ、サパタ、ヴィヤなどの社会革命の運動も、グアダルーペの旗の下にたたかわれた巨大な運動の一部として、メキシコの民衆思想史の中に位置づけられる。

キリスト教の象徴とアステカ宗教の象徴とには、よく似たところがあった。このことが、わずか四百人のスペイン人に人口百五十万人のアステカ王国が攻めほろぼされたという、説明しにくい事実をつくりだす。スペイン人は、馬と鉄砲をもっているだけで、戦争に勝ったのではなかった。

（鶴見俊輔『グアダルーペの聖母』）

また、改宗者の心境についてモトリニア司祭のこんな記述も前掲書にある。「改宗者は世代をこえた先祖伝来の宗旨を変えることに喪失感をともない、常に心の底に哀愁と憂鬱さを漂わせて征服者の新しい宗教の信者になった」と回顧している。さらに、先住民の慣れ親しんできたかずかずの偶像は、造形美術品として完成度の高いキリスト教教会の彫刻と比べて見たとき圧倒され、「自分たちの像は美的に劣るものであった」と記している。

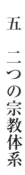

五　二つの宗教体系

図11　ガルシア・イカスバルセタ（エンリケ・クラウセ氏から提供）

図12　フスト・シエラ（エンリケ・クラウセ氏から提供）

洗礼の動機

布教という「征服」の評価もさまざまであった。リバ・パラシオ著『メキシコ、世紀をこえて』で述べていた布教についての見解で「先住民の洗礼の動機は真の入信者の姿ではない」との考えが定説のようになりかけていたころ、もう一つの考えを示す歴史家が現れた。史料編纂学者ホアキン・ガルシア・イカスバルセタ（一八二五—九四、図11）である。のちに、この二人の考えに法学者でメキシコ国立自治大学長になったフスト・シエラ（一八四八—一九一二、図12）は、相撲の行司役のような役割をすることになった。

まず、「恐怖から逃れるために洗礼を受けた」という説を述べたリバ・パラシオに、ガルシア・イカスバルセタは反論した。彼は浩瀚な著書『メキシコの史料編纂全集』を一八五八年から六六年にかけて刊行した。ガルシア・イカスバルセタは、一八七〇年にもヘロニモ・デ・メンディエ著作『ヌエバ・エスパーニャ教会史』(一五九六年刊)の復刻版も出版していた。その一連の著作活動のなかで、メキシコに布教のために派遣された四人のフランシスコ会宣教師の三一編の布教録、クロニカの編纂作業とキリスト教布教の歴史を記述して、リバ・パラシオと異なる見解を次のようにまとめた。

洗礼の動機は「恐れから生じた処世術」ではなく、キリスト教への回心は「洗礼志願者の真摯な求道の帰結」であるとした。その理由は、仮にリバ・パラシオのいう「恐怖説」が妥当だとすれば、布教は武力征服と同時進行的にもっと敏速に進んでいたのではないかという疑問が生じるからである。さらに、エルナン・コルテスによるアステカ王国の制圧に周辺の先住民が参戦したのは前述したように被支配者としての逆襲説という理由はあったが、他ならぬ人身御供を強いる恐怖の神権政治の宗教体系から解放されたいという願望もあったからで、この点から考えると、先住民の改宗動機は二つの宗教体系を比べた結果からの決断であるはずだと考えた。同時に、改宗した後の見返りとしてスペイン人から受ける庇護を秘かに望んでいた邪心があったとしても、そんな邪心だけで改宗はあり得ないと述べて、リバ・パラシオ説に同意しなかった。

先住民とスペイン人の信じていた二つの宗教は、ともに不滅の霊魂についての教義であるが、それでも相違点はあった。ガルシア・イカスバルセタによれば、アステカの神々は人の死後の行方を生前から決定づけていて、人間はいかに現世を過ごしたかによらず、生前の身分、職種、さらにどんな死にざまに遭遇したかに左右されている、と述べた。「決めつけられた死後の行方」である。

それに反してキリスト教はすべての人に天国の門は開かれている、と説く宗教であると解説して、先住民の宗教と比べて来世観が異なり、希望を持たせるキリスト教の教義こそ先住民の回心の拠りどころとなり、これこそ宣教師の説く布教精神の神髄であると述べた。二つの宗教体系の違いまでガルシア・イカスバルセタは言及したことになる。

フスト・シエラは、メキシコ革命が始まる寸前の一九一〇年には公教育省長官に就任していた。宣教師が先住民の布教にかけた熱意を称えたガルシア・イカスバルセタに賛同して、先住民の改宗動機は真摯な求道心と、宣教師の布教活動の帰結だったとして、行司役の軍配はガルシア・イカスバルセタに挙げる。「もし宣教師が学校の教師であったなら、もし、学校の教師に宣教師のような熱意があれば……」、というフスト・シエラの言説は、教育者は情熱をそそぐとその結果は期待通りに生み出されるという意味の諺を生みだした。この言葉はメキシコ人のあいだで努力を奨励する教訓として用いられていたこともあった。この点から、とくにフランシスコ会のペドロ・ガンテ司祭とモトリニア司祭の布教活動は注目されて、その然るべき成果を生んだと称えている。

ドミニコ会のラス・カサス司祭は、夥しい人数の先住民が洗礼を受けた経緯に懐疑的であったが、フスト・シエラが述べたように、一六世紀に活躍したすべての聖職者の気高さと献身的な生きざまは永遠に語り続けられると述べ、宣教師が先住民の啓蒙と魂の救済、人権の擁護に尽力した布教活動を評価していた。メキシコの一九世紀、躍進の時代には、このような布教活動を実践した先駆者の偉業を物語る史料の刊行と評価作業は飛躍的に進んだ。しかしながら、布教について、ユカタン半島のマヤ人にカトリック教会が過度に伝統的宗教に干渉し改宗を強要した結果、一八四七年から三年間続いた「カスタ戦争」を招いていることも考え合わせると、宣教師と求道者の間の思惑こそ、「征服としての布教」が生みだした功罪となる。

第四章　スペインの遺産

布教されたキリスト教と、メスティソを生みだした血の結合、先住民文化とスペイン文明が融合して成り立ったモザイクのような文化的表象はこの国に残った。また、先住民の遺伝子はメスティソに強く反映されていくが、混血しなかった先住民の存在を人々はあまり意識していなかった。

第四章　関係年表

1816	フェルナンデス・デ・リサルディ『ペドロ・サルミエントの生涯と時代』
1806 ～ 72	ベニート・フアレス
1862 ～ 67	フランス干渉戦争
1864	フランシスコ・ピメンテル『メキシコ先住民の抱える問題と対策』
1830 ～ 1915	ポルフィリオ・ディアス
1909	モリナ・エンリケス『国家の難題』

一　血の結合

先住民の風習

一九一〇年にメキシコ革命は勃発し、この国は民主国家へ向かう改革の道程を歩みはじめた。しかし、先住民の生活風習は、征服以前から革命がはじまる時期まで大きく変わらなかったといえよう。

農耕機具は手動の畔つくりの鋤《すき》から家畜を使う犂《すき》になって能率がよくなり、荷物の移動は強力《ごうりき》に頼っていたのがロバを利用するようになり、民族衣装で野良着のようなズボン、マストラトル(máxtlatl)に代わって現代風のズボンをはくようになったが、そのほかは不思議なほど昔のままだったといってもよい。とくに、食事はきっちり伝統的な食材で調理しつづけていた。トウモロコシ、インゲンマメ、カボチャ、トウガラシ、カカオなどを用いて食卓を飾った。先住民の質素な食生活に彩りを添えた食材として、征服される前まではほとんど食べなかった牛肉、それに豚肉があげられる。タマレス(トウモロコシの皮にいろいろな食材を詰め込んで蒸しあげた食べ物)は今日でもメキシコ人の好んで食べる食物で、その詰め物にスペイン人が新たに新大陸に持ち込んだ豚肉を加えることで、さらに滋味を増したらしい。家庭の台所には昔ながらの土鍋があり、木製の匙と計量器、玄武岩でできたメタテ(まな板)、スリコギなど各種の台所用品を使って薪木で調理してから、陶器の食器に盛りつけていた。モレ、ポソレ、トルティージャは代表的な家庭料理で、いまでも、メキシコ人ならだれでもこんな食べ物の名前を聞くだけで、食指を動かされることは間違いなかろう。

先住民のアルコール好きには定評があった。龍舌蘭から醸造したテキーラのほか、日本酒の濁酒にあたるプルケなどに人気があり、一九一〇年でもメキシコシティだけで一千軒を超えるプルケ専売販売所兼飲み屋があったと記録されている。先住民はスペイン人に征服される前でも飲酒を嗜むとは祝祭日に制限されていたほどの愛飲家で、五二歳以上の「年寄り」だけ例外とされていたようだ。公式には認められなかったが、歴然として先住民の原始宗教に依存したアニミズムは浸透しており、その祈禱師の存在や薬草の栽培と売買は、メキシコ革命の始まるころまで先住民の市場（チアンギス）で依然として続けられていた。

混血しなかった先住民の存在はあまり意識されていなかったが、第二章一節のなかで各地に分布する先住民について述べてきた。しかし、メキシコ人といえば、メスティソだと思い当たる。その意味でメスティソ（混血の、交配した、雑種の、ハーフの、という意味がスペイン語にある）は、メキシコ人の呼称とほぼ同義語になるかもしれない。その傾向が比較的少ない地方もあるかもしれないが、メキシコが多民族・多文化国家といわれる由縁はここにあるのだろう。そして、メスティソは人種的や生物学的な意味で混血であるが、濃厚なかたちで融合したモザイク文化は文化的表象である。モザイク文化は一六世紀にその端緒が見られ、一九世紀に開花していった。人種の混血の歴史は、当然のことながらエルナン・コルテスと先住民の女マリンチェをはじめとする征服者と先住民女性との血の結合からはじまる。一五一九年、エルナン・コルテスがマヤ人と戦ったときの戦利品として贈られた二〇名の女奴隷の中に、マリンチェがいた。ナワトル語を話すことができたので、メキシコ内陸部の征服をする時に通訳をつとめた。コルテスとの間に、マルティンという名の子供を残した。メスティソは一六世紀はじめにはわずか数千人程度であったが、一八〇三年にフンボルトがヌエバ・エスパーニャ副王領を訪れた時の記述に、五八〇〇万人の人口のうち約四一パーセントが先住民人口で、メスティソは人口のほぼ三九パーセントを占め、白人の人口は一九パーセントだと記録されている。それが一九世紀の中葉になればメスティソ人口はメキシコの人口の半数を占める勢いまで増加し、メキシコ人の呼称とほぼ同義語として定着してきた。反面、先住民人口とヨーロッパ系白人は減少していった。

先住民の声

これまでは先住民、征服された国の人間はどのように変貌していったか、その時にどんな決断を強いられたかなどはわからなかった。そのため、ヌエバ・エスパーニャ副王領の権力者や先住民を統括した支配階級の人々の判断と、宣教師の思惑をもとにして、先住民の声を推測してきたように思える。しかし、どのような立場の先住民が、どのような声をあげていたのであろうか。声をあげない当事者もいただろう。顕

図13　カスタ階層絵図（副王領博物館収蔵）

在化したもののみをひとまとめにして植民地化された者の声として語ることはできない。

また、混血のタイプはさまざまでそれぞれに名称がついている。メスティソには、サンボ（先住民と黒人の混血）、ムラート（白人と黒人の混血）、サルタトラス（スペイン人とモーロ人との混血のモリスコと、白人が混血）、コヨテ（先住民とメスティソの混血）などその他にもさまざまな形態があった。これらの人々は一様にカスタ階級（隷属者身分の集団）として扱われて差別されていたが、メキシコが独立を達成したあとはこの蔑称は憲法条文上で消えた。カスタの定義は絶対的なものではなく、研究者によって分類は若干異なっているものと思われる。DNA鑑定が存在しない当時、出自を正確にさかのぼることは困難で、外見の特徴や親族が把握していた系譜の裏づけをもとに判断していたと考えられる。メキシコ州のテポツトラン市にある副王領博物館には、一六形態のさまざまな混血の人々を描いた絵画が残っている（図13）。

そこで、メスティソの子供を産んだ女性の声にこんな願いがこめられていた。言葉のどこかに鋭敏な先住民の生存本能の片鱗がうかがえる。サラマンカ大学で学んだあとにペルー副王領に渡り、リマの聴聞院の裁判官となって副王領の法体系に影響を与えたフアン・デ・ソロルサーノ・イ・ペレイラが、一七世紀のスペイン海外植民地の人々の記録をまとめた『インディアスの植民地政策』によると、

スペイン人による征服期の悲劇のしこりは私たち、先住民の女のからだに奥深く刻まれてい

る。わたしたちを虐げる大農園主とカシーケ（先住民のボス）の不当な扱いから自分と子孫の生命だけは救いたいという生存本能で、スペイン人との間に子供をもうけようとした。このように私たちの多くは社会的・歴史的悲劇に直面するとその境遇から逃れたいと願っている。また、わたしたち先住民の妻は、先住民の夫と離別してまで独り立ちすることを決意しながら、貢納の義務と塗炭の苦しみにあえぐ自分の子供を見て、どうして一生涯、使用人として下働きをしなければならないのかと悩んでいた。自分はスペイン人と出会う機会を待ち望んでいる。

（ファン・デ・ソロルサーノ・イ・ペレイラ『インディアスの植民地政策』拙訳）

フンボルトもこの状況についてその著『ヌエバ・エスパーニャ副王領政治的試論』のなかで、先住民の女性は、スペイン人から蔑視されていることを知りながらも、結婚の相手は先住民を選ぶよりこの国を征服したスペイン人との婚姻を優先していたと説明しているが、先住民はスペイン人を、結婚の相手として初めからは選ぶことはなかった。両者の結びつきは先々、生きていくことへの不安・苦境の人生・安らぎのない夫婦の営みに至ることを悟っていたのだろう、と述べている。さらに、メキシコシティに次いで教会の多い町であったプエブラ市の司教でもあり、一六四二年の六月から一一月までの短い在位だった副王パラホックスは、先住民は生まれつき素朴であるが、征服者への卑屈さから集落を去るときの姿を見届けることは、もし、生活の場に社会正義が欠如しているという理由であれば悲しいかぎりである、いずれにせよ、その脱出が自由の獲得と生存のためであるなら止むを得ないと述懐した、とフンボルトは語っていた。

メスティソとして生まれたあとは、非嫡子、すなわち、私生児になることと無縁ではなかった。この場合のメスティソは正式な婚姻の結果ではなく、認知されない血の結合と同意語となる。メスティソは非嫡子であっても成長すれば、エルナン・コルテスと先住民の女マリンチェの子、マルティン・コルテスのようにスペイン人と同じように世間で扱われ、その後にスペイン人として認知されたこともある。社会通念としてはメスティソも司祭に叙任され、修道女として終生誓願をたてることに妨げはないはずであるが、ソロルサーノ・イ・ペレイラによれば、それでもメスティソは通常、「不貞の子」で、副王領で社会的地位のあるスペイン人は、あえてその結末を招くような道は選ばなかったという。

混血の歴史

スペインの海外植民地でみられた「血の結合」はスペイン本国、「イスラム・スペイン」でその一つの典型があった。八世紀から徐々に全土がイスラム教のモーロ人に占領されていくときに、北部地方の一部地域だけは占領されなかったので、そこから「レコンキスタ」（国土再征服戦争）が始まった。しかし、一五世紀までの間にイスラム教のモーロ人と、スペイン人との間に血の結合があった。この混血した人々のなかには、後に宗教異端審問所の被告人になる似非《えせ》信者と見なされた場合が生じている。スペインでも人種と文化の交わりは様々な足跡や問題を残しているのだ。その混血の痕跡は現在のスペイン人のなかにも、世代をさかのぼればこの人々の系譜にたどりつくこともあるという。この人種と文化の混交は、一四九二年まで「グラナダ帝国」としてイスラム文化園の牙城としてアンダルシア地方に残っていた。そのために、混血した人々だけではなく建築、風土、芸術様式、さらにアラビア語源の語彙がスペイン語のなかに色濃く溶け込んでいる。文学のなかにもこの時代のスペイン人にまつわる作品が残っている。キリスト教国スペインの騎士道精神に通じていく『シードの歌』は一二世紀に作られ、一四世紀の写本によって伝えられ、一七七九年に出版されたこの国民的叙事詩は、国土再征服戦争時期のまぎれもない文学作品といえよう。スペイン南部の人の血を引いた人々は、副王領の統治が開始されたころから兵士、役人、宣教師として新大陸に移民として多数出向いてきたことは知られている。もちろん、副王領時代が進むにつけて、スペイン各地からも移民はこの地に渡っている。

北アメリカ大陸への移民のなかには、先住民を異質な人種と考える人々もいて、彼らにとっては、スペイン人と先住民との血の結合は、あり得ない選択肢であったのかもしれない。

二　モザイク文化

融合の地域分布

「先住民はわれわれの社会を変革した」とはフスト・シエラの言葉で、「われわれの」とはメスティソの国、メキシコのことである。時代が進むにつれてさまざまな血の結合のメスティソが国民の大多数を占めてくると、二つの国と二つの民族の血の結合からはじまったメスティソは、モザイク文化を生みだしていく。モザイク文化の融合のかたちは地域で異なる。当初は、三つの地域で顕著

図14　モザイク文化の地域区分（筆者作成）

にみられ、それはメキシコの北部と、中央部、それに南部地域であった（図14）。

まず、一つ目の地域は、不毛の砂漠地帯になっていたバハ・カリフォルニア半島から、国土の太平洋岸に沿って西シエラマドレ山脈地帯の走る北西部と、メキシコ湾側の東シエラマドレ山脈地帯、その両山脈の間が穀倉地帯となっている地帯である。二〇世紀のメキシコ革命勃発の端緒となったカナネア鉱山労働者の争議（ソノラ州）が起こった場所で、名だたる革命児パンチョ・ビーヤらが活躍した戦場にもなり、メキシコを近代国家に脱皮させようとしたメキシコ革命の戦場であった。現在ではバハ・カリフォルニア州、ソノラ州、シナロア州、チワワ州、コアウイラ州とドゥランゴ州となっている。メキシコの国土のなかで占める面積はもっとも広大であるが、今日でも人口密度は一番低い地域である。そのために、モザイク文化のかたちは他の地域に比べて際立って表面化していない。アメリカ合衆国とは、リオ・グランデ河（別称リオ・ブラボー河）の流域地帯で約三千キロメートルにおよぶ国境を接している関係で、国境の町が随所に点在しているため移民の不法出国問題が潜在化している。また、この地域の広大な山麓地帯にはいまでも孤立したタラウマラ人などの先住民集落がある。一九世紀にメキシコが独立してからも、連邦共和国と好戦的なアパッチやコマンチなどの先住民との戦いは絶えなかった地域だ。さらに、この地帯はサンタ・アナの時代にテキサス共和国がメキシコから分離独立し、そのあとに米墨戦争が勃発した辺境地帯であった。このため、ポルフィリオ・ディアスが漏らしたという「メキシコは天国に最も遠い国で、アメリカ合衆国に最も近い国」は、いま、メキシコの抱える宿命を物語る諺となっている。

二つ目の地域は二つの山脈がなだらかになって高原地帯となった、その延長上の盆地地帯である。中央部にはメキシコシティが所在する。一六世紀から始まったスペインによる「二つの征服」、軍事的と精神的征服の中心地で、同時に一九世紀に独立戦争が勃発したドローレス村（グアナファト州）が所在している。「古のメキシコ」（Viejo México）といわれる由縁がここにある。モザイク文化の典型的な姿がこの地域の人々のなかに生き伝えられている。メキシコで人口密度のもっとも高い地域で、とくにメキシコシティは近郊の人口も加えると二〇〇〇万人に及び、世界有数の人口過密都市で、ブラジル共和国のサンパウロ市とともに中南米のメガロポリスである。牧畜業、商業地帯、政治と金融と経済の中心地となり、メスティソの国の首都となっている。

そして三つ目は、南シエラネバダ山脈地帯の延長上で、テワンテペック地峡からユカタン半島に達する地帯と、グアテマラ共和国とベリーズ共和国との国境にサポテカ文明圏のモンテ・アルバン遺跡やマヤ文明圏の遺跡群がある地帯からなる。いまでも先住民人口が最も多く、その影響が鮮やかに残っている地域だ。ここでは、先住民はスペイン人と混血することは少なかったのでメスティソ人口も少なく、比較的にモザイク文化の形跡は目立たない。チアパス州に所在するラス・カサス市は、先住民の立場を擁護した司祭の名前を冠した町として一九二九年に命名された。それまでこの町はスペイン人の支配する瀟洒な街並みの白人の町（Ciudad Blanca）と呼ばれ、町の名称はスペイン王家の町（Ciudad Real）であった。また、オアハカ州はキリスト教に改宗した先住民が集中して住んでいる市街地で美しい街角に教会があり、時鐘を打ち鳴らす音を耳にするとコロニア風の街並みのなかに吸い込まれていくような気がする。

このように三つの大きな地域区分ができるが、さらにメキシコ湾岸や太平洋沿岸地域の小さな飛び地のような所在地、たとえばコアウイラ州北部のサルティージョ市などには先住民の存在がきわだっていることは前述したとおりである。他にも国内で黒人が集中している町もあり、文字通りモザイク文化の国メキシコをつくりあげている。ゲレロ州のアカプルコ湾付近に所在する町や、オアハカ州の太平洋沿岸地域一帯、ベラクルス市、カンペチェ市などは、一六世紀からアフリカ人奴隷の陸揚げ地域周辺部であったために黒人の人口が多くなっている。近年、カンペチェ市の旧墓地では、アイソトープの分析によって二五名の黒人の遺体が埋葬されていたことが判明している。人種はいうに及ばず、伝統衣裳、食生活、建築様式などに特長がある。

余談になるが、三つ目のテワンテペック地峡地帯にポルフィリオ・ディアス大統領の在任中(一八七六―一九一〇)、メキシコ湾と太平洋をつなぐ運河建設計画が検討されたことがあった。パナマ運河はアメリカ合衆国がパナマ独立の年、一九〇三年に同国と運河条約を結んで工事が進み、一九一四年に通航業務を開始していることを知れば、ディアス大統領が在任中にメキシコが運河建設の夢を抱いたことは不思議ではない。また、二〇一四年、ニカラグア共和国が同じようにカリブ海と太平洋をつなぐ新しい運河建設計画を打ち出したことも話題性に富んだ計画であった。

「バッタの丘」

メスティソの生活風習は、スペイン人からの影響は受けつつも先住民の因習は根強く残っていた。このことは本章一節で述べたとおりである。住居は征服される前の形状から大きく変わることなく、家屋は土とアシやヨシを混ぜ合わせた土壁で、天井はまぐさや牧草を利用して葺かれていた。家具だけはヨーロッパ式の机、椅子などが採り入れられたので以前に比べると便利になっていた。風呂はシャワー形式の共同浴場で、市場は露天商のチアンギス（図8参照）でいろいろな花や薬物療法につかう薬草が豊富な食材と並べられていた。ドイツ人フンボルトがこの国を訪れた時に、先住民が各種の花の栽培に興味を示していたのはとくに印象的であったと記録している。重要な祭事はキリスト教の暦に合わせて、日曜日はミサに与ることが習慣づけられていた。征服以前の多神教の信仰対象ではなくキリスト教の聖人を崇拝したが、聖人の名称にきまって先住民の言語で土地柄を示す地名が添えられた。たとえば、チャプルテペック地区にはメキシコ大統領官邸があり、米墨戦争の時にその付近で起きた市街戦で、侵略軍のアメリカ合衆国の兵士と勇敢に防衛戦に挑んだ七人の少年士官学校兵士の記念像、さらにマキシミリアン皇帝の居城であったチャプルテペック城もあり、メキシコ人類学歴史学博物館や近代美術館などが点在している文教地区であるが、そこには日比谷公園の二十倍以上の広さのチャプルテペック公園もある。その当時、その地区の大天使サン・ミゲルは「チャプルテペックのサン・ミゲル」となった。チャプルテペックとはナワトル語で「バッタの丘」である。

メスティソの社会

スペイン人からの影響を受けつつもメスティソの社会で、先住民の因習は根強く残っていると述べてきたが、先住民の言語よりスペイン語が社会で通用する頻度が増してくると、さまざまな分野でその変化を受けるようになってきた。書籍の使用言語もスペイン語になる。建築様式、造形美術、政治、経済、宗教などの倫理基準に反映してくるようになる。メキシコ人で最初の小説家とされたホセ・ホアキン・フェルナンデス・デ・リサルディ（一七七六—一八二七）は、クリオージョでスペイン人批判を論調とした新聞の発刊や、幅広い文筆活動をスペイン語で著述していた。代表作は『ペドロ・サルミエントの生涯と時代』（一八一六年）で、ペドロという人物により独立寸前のスペイン植民地時代の世相を強烈に風刺した小説である。一六世紀のスペインのピカレスク小説（悪漢小説）に相通じる作品を、クリオージョが描いたものと考えられている。

表現の手段が徐々に先住民の言葉からスペイン語に代わると、メスティソの意識変化もゆっくりそれに付随していった。前述したユカタン半島のマヤ人などの場合は例外として、一般的には一九世紀になると、スペイン的なものからさらにヨーロッパ的な影響もとり入れられ、社会ではメスティソの存在感がさらに拡大していく。ディアス政権で、シャンゼリゼ通りを模した遊歩道を備えたレフォルマ通りができたのもその一例であろう。『憲法と独裁政治』の名著がある二〇世紀の法学者エミリオ・ラバサ（一八五六—一九三〇）は、メキシコにおける人種偏見について、ヨーロッパの宗主国の植民地となったカリブ海域地帯や、南米のアルゼンチン、チリ、さらにアメリカ合衆国に見受けられた黒人蔑視のような状況は起きなかったという。それには一六世紀の宣教師の教導で倫理観が浸透したことと、また、独立戦争が開始したときにモレーロス司祭が人種差別の呼称をさけて人々に「アメリカーノ」（新大陸の人の総称）で呼び合うことを提唱したことも背景となっているという。このことは一八一四年の「アパチンガン憲法」の条文のなかで謳われているが、さらに一九世紀のメキシコの市民戦争と例えられるレフォルマ戦争で、保守主義者に勝利した自由主義者は人種偏見を法的に廃止した記念碑的な一八五七年憲法を成立させている。

国土面積の縮小

『国家の難題』を書いたアンドレス・モリナ・エンリケス（一八六八―一九四〇、図15）は、メスティソの典型だといえる。メキシコシティの郊外シロテペック村で一八六八年に生まれている。そこはオトミ人の村であった。苦学して法学士になり、レフォルマ戦争のあとに導入された永代財産解放令（レルド法ともいう）を根拠にして、先住民のために農地解放に尽力した。クリオージョと教会が所有していた広大でしかも未墾地も含む土地を、先住民のための共有地（エヒード）に所有権を変更するため、メスティソのイグナシオ・ラミレスとメルチョール・オカンポらとともに経済と社会の改革を推進する中核となった。

図15　モリナ・エンリケス（エンリケ・クラウセ氏から提供）

モリナの一九〇九年の調べによれば、メキシコ革命勃発前の人口分布はおおよそ次のようになっていた。白人層が全人口の一五パーセント、メスティソは五〇パーセント、先住民は三五パーセントだった。一八〇三年のフンボルトの調査と比べるとメスティソ人口の増加が目立つ。約百年も経過すると白人層の人口は減少し、メスティソの人口は増加傾向が著しい。このことはメキシコ革命が始まる前のメキシコ社会を知る場合に参考になる。数字の上ではメスティソが白人層に代わり、この国の行方を定める指導権を担う時期が到来したことを告げているかのような印象を与えていた。

言語学者で評論家のフランシスコ・ピメンテル（一八三二—九三）は、その著書『メキシコの先住民の抱える問題と対策』のなかで「先住民を文明人のカテゴリーに引き上げることは至難のわざである」と述べていたが、同時に、彼らは独立戦争とレフォルマ戦争という二つの闘争で健闘したとその立場を擁護している。しかし、一八八八年に刊行された社会心理学者ル・ボン（Gustave Le Bon）が、『歴史に及ぼす民族の影響』のなかで、「混血は国に倫理基準の低下をもたらす」と書いたとき、法学者フスト・シエラはその論調に、メスティソが内包する数々の欠点は無視しないまでも、メキシコの場合、歴史上、もっとも重大な二つの戦争で活躍した最大の英雄集団だ、とピメンテルの言及に共鳴して、スペイン人と先住民との混血の歴史を知ることこそ、メキシコの歴史を理解するための糸口だ、と反証していた。

さらに、モリナはこうつづける。われわれはスペインの征服のあとに生まれたメスティソだ。フスト・シエラの言葉どおり、先住民の住んでいた土地に重なるように住み、そこに我々のルーツがある。しかし、クリオージョはこの国を繁栄させず、無政府状態を充満させて国内を騒乱と分裂に引き込み、その顕著な例がイトゥルビデの帝政と混迷のサンタ・アナ政権であり、米墨戦争の敗北で広大な領土を喪失した。しかしそれは、隣国との間でもともと引かれるべき社会的地政学的境界線上に、国土面積がそのとき縮小したにすぎないと考えるべきだとモリナは述べて、「二流のスペイン人」の失政を諦念していた。

三　隔世遺伝

革命精神の芽生え

ある個体に親はもっていない祖先の形質があらわれることを、隔世遺伝または先祖返りというが、スペイン人とメキシコ人の両血統が交雑してきたなかで、先祖種が発現するメスティソが二〇世紀に入り多く誕生するようになった。それは、スペイン人が追放されたあとのメスティソは、メスティソ間の混血やメスティソと先住民の混血で、当然のことながら先住民の遺伝子を隔世遺伝したメキシコ人が生まれるようになったからである。しかし、メスティソ階層が実際に国づくりと母国の繁栄を担う立場になるまでには、まだまだ長い道のりがあった。それはメスティソの階層にも、社会的地位と経済的格差の分化が顕然化してきたからだ。ベニート・ファアレスは、メスティソの国の指導者になりこの国の「父性」となって「建国の父」と呼ばれるようになったが、のちに「民主的独裁者」と呼ばれる時期が訪れた。突きつめればカウディージョ（メキシコ史に登場する英傑で、「ポスタダ（追記）」一節で詳述）の鏡像を演じるようになったからだ。レフォルマ戦争のあとにメキシコに共和制国家を樹立させて、ナポレオン三世の傀儡政権となった君主国を打倒したあとは、不慮の死（一八七二年）まで集権的指導者であった。

一方、ポルフィリオ・ディアスは、レルド臨時大統領のあとは政治的に勝者に転じ、一八七六年に「トゥステペックの反乱」のあとに大統領に就任した。このようにメスティソ階層の代表格の二人の大統領はメキシコの国の伝統を包摂したが、ディアスという「メキシコの肖像」も、メキシコ革命で否定されることになる。

一九世紀の後半になると、この国でメスティソは人口の大半を占めていたにもかかわらず、この階層の社会的進出は停滞しはじめた。ふたたび白人階層は社会の指導的立場や大土地所有者となり、富の蓄積をしてメキシコ社会のさまざまな分野で権力を掌握するようになっていたからだ。それは、この時期にドイツをはじめヨーロッパ各地で増加した人口が、メキシコにも移民として流入し、その子孫を含めた白人がふえたことにも関連する。著しい白人階層の流入は、先住民やメスティソ階層の人々の資質を批判しはじめることにつながっていった。

一八八〇年から一九三〇年までの間に、当時のスペインの人口の約五分の一に当たる四〇〇万人がスペインからアメリカ大陸の各国に移民したことについて、サンチェス・アルボルノス編著『スペイン人のアメリカ大陸への集団移民　一八八〇―一九三〇』という研究書も出版されている。モリナは『国家の難題』のなかで、この状況下で新たにヨーロッパ大陸からアメリカ大陸に急増した移民とメキシコの白人階層は、メスティソは常に社会変革を要求する階層、怠惰な性癖と悪習に染まりやすい傾向のある人々、徒党を組む傾向が強く、レフォルマ戦争時期の急進的な自由主義者のようで、ジャコバン党的思想の持ち主だという偏見を抱きはじめたと指摘している。メスティソの人口は増加したが、それに応じた経済的基盤の安定、とくにこの階級の土地所有占有率が不十分であったことは、社会で指導的地位を獲得していく過程を加速できなかった。一方、先住民についてもモリナは、「先住民はメキシコを一つの国と考えるより、それぞれが属する先住民社会が「一つの国」だとの意識を抱き、メキシコに一体化していく意識が希薄だったと考えた。たしかに、こうした時期にヨーロッパ人移民の新たな流入は、メキシコ社会の階層化を加速化していくことになり、この時点がモリナ・エンリケスによれば革命精神の芽生えとなる。

革命への導火線

この社会的変化の傾向に、二〇世紀になるとポルフィリオ・ディアスは鈍感ではなかったが、自分はメキシコ革命が始まる導火線の役目を果たすとまでは考えなかったので長期政権は安泰していると錯覚していた。そこで、歴史家エンリケ・クラウセがこの事態をつぎのように説明している。

ディアスは歴史をよく理解していなかった。なぜなら、それまでに三〇年間以上も維持してきた長期の政権で、積み残されてきた社会的不満は解消されていなかったからだ。独立戦争開始百年祭の直後から、いつ、それが一気に革命として噴出するのかを予期できなかった。長期政権は託された変革精神を完全に和解にいたらせる手段を選ばなかったために、メスティソと、その動きに誘発された先住民はついに、暴力的で悲劇的なメキシコ革命という手段を前面に押し出して、社会変革の要求を炸裂させたのである。その解消できずに残った社会的不満というのは民主主義の実践であった。

（エンリケ・クラウセ『メキシコの百年 1810-1910』拙訳書）

さらに、ポルフィリオ・ディアス大統領は二〇世紀の初頭になっても、自分が元気でいる間にメキシコは民主主義の精神が機能するような国になるとは信じられないと語っていた。その証拠として、アメリカ人のジャーナリスト、クリールマン記者が取材した『パーソンズ・マガジン』の一九〇八年三月号の単独インタビュー記事、「ディアス大統領、アメリカ大陸の英雄」で、当時七七歳になった老獪きわまる人物が祖国について次のように語っていたからだ。

長期間にわたって同じ人物が大統領であるからといって、メキシコの民主主義の未来が危機に陥っていると考えるのは早計である。民主主義についての抽象的な理論とその実際の適用について隔たりがあるというのはしばしば見受けられることだ。また、問題は国民が民主主義とその政治について、あまり意識していないということだ。一般的にメキシコ人は個人の権利については必要以上に執着するが、義務について顧みない。メキシコに民主主義は成熟しているし、いずれその実は結ぶだろう。現在の任期が終われば引退して二度と再選には応じないつもりである。大統領の座にいつまでも居座る考えはない。

（拙書『物語 メキシコの歴史』）

これは、メキシコ革命が勃発する二年前にポルフィリオ・ディアスが考えていたメキシコの国と社会についての述懐である。この会見の報道はワシントンで大反響を呼び、当時、人口が五千万に達していたメキシコでは、会見での大統領の真意に疑いの目が向けられていた。これは、独立戦争からすでに百年も経過しようとしていたメキシコ大統領の見解であったからだ。

この時期の少数の白人特権階層は、メスティソの大統領と利害を共有しているあいだは須《すべか》らく大統領を支持していた。前述してきたようにメキシコ独立戦争がはじまる前に、独立を阻止したスペイン人を支持していた利害を共有する一部のクリオージョ特権階級が抱いていた実利主義と共通している。それはまた、サンタ・アナ政権を支えていた当時のクリオージョの思惑でもあった。この時期のメキシコ人の社会的指導者層はもはや、スペイン的伝統精神への一辺倒な志向から、国境を接した隣国、アメリカ合衆国からの影響、英語流通圏社会の合理性を優先していた、American way に関心を引かれるようになった事情もあった。のちにメキシコ革命の口火を切るフランシスコ・マデロは

図16　投票するフランシスコ・マデロ（1911年）（『物語 メキシコの歴史』より）

その典型的な人物の一人であろう。

コアウイラ州の地主であり、一九一〇年の「打倒・ディアス」をスローガンとして大統領選挙に立候補を決意し、それまでメキシコで見られなかったアメリカ合衆国の選挙遊説のやり方で、支持者に訴えるための全国遊説をしたことは知られている。『一九一〇年の大統領継承問題』という自著のなかで、ディアスの族長的な政治体制を否定していた（図16）。そのあとに、メスティソ階層が国を改革するエネルギーを集中させてメキシコ革命が起こる。メスティソの「謙虚で誇り高き遺伝子は先住民から受けついだもので、躍動的な遺伝子はスペイン人の遺伝子だ」とモリナ・エンリケスは、一八九八年に刊行した著書 *La Hormiga*（『蟻』）のなかで述べ、二つの遺伝子が結合したメスティソこそ、胎動する革命精神を生み出していくと語っていた。

「夢想国家メキシコ」

メキシコの先住民について、社会学と人類学の観点からギジェルモ・ボンフィルはその著『文明の重層国家メキシコ――疎まれた文明』（初版一九八七年）のなかで述べている。すでに第二章一節で引用した二〇〇〇年の国勢調査報告書では、先住民は六四言語を話し人口は七二八万人で、メキシコの総人口九七四八万人の七・五パーセントにあたると示していた。ボンフィルの本の出版は、サリナス・デ・ゴルタリが大統領に選出される前年であった。大統領になるとＮＡＦＴＡ（北米自由貿易協定）をメキシコとアメリカ合衆国とカナダとの間で一九九二年に締結し、発効は九四年一月であった（二〇二〇年よりアメリカ合衆国・メキシコ・カナダ協定ＵＳＭＣＡに改定された）。その同じ年の一月に、メキシコ南部チアパス州のマヤ系先住民のゲリラ組織、メキシコ革命の闘士エミリアーノ・サパタから命名したサパティスタ民族解放軍（EZNL）は、当時の政権が断行した経済政策の急速な舵取りに反政府運動を結束して、国の近代化の道筋に抗議する武装蜂起を決起したのである。闘争は長引きその後に、サパティスタ民族解放軍と全国先住民会議の代表は、メキシコ連邦議会を占拠して議場で先住民の要求を訴える演説をしたのは、二〇〇一年三月で多くの人の記憶に鮮明に残っている。ボンフィルの著書はつぎのようにはじまる。

この本は二つの意図をもって書いた。一つは、メキシコでさまざまな形態をとって偏在する先住民は、今日でもメソアメリカ文明を持続させながら集落で生きているが、その先住民が住む地域以外の広範囲な国土には、先住民と異なるさまざまな営みで西洋文明に依存してきた人たちがおり、この国は文明の重層国家だと示したい。二つ目は、二つの文明が共存しているメキシコの過去、現在、そして将来について示したい。（中略）メキシコの近代史、今日までの五〇〇年間の歴史は、西洋文明に合致するように国を誘導してきた人たちと、メソアメリカ文明を引き継いだ形態で生きてきた人たちとの、絶え間ない文明の衝突であった。衝突はまず、西洋文明を押しつけたヨーロッパからの侵略者がアメリカ大陸へ到達した時点に始まり、メキシコが独立してからもこの衝突は継続した。国の権力を掌握したクリオージョ、それに続く指導者階層のメスティソは、その計画の放棄も中断もしなかった。その結果、衝突した時は、西欧文明化をいかに効果的に浸透させるか、その過程に分岐点はあったものの指針は断行されてきた。計画が多くの人に受け入れられることがなかった時も、西洋文明の規範、野望、目標に固執する少数派の人々は、いつも、メキシコを西洋文明化した国家へ駆り立ててきた。（中略）その構想は、スペインの征服から五世紀のあいだの歴史でくり返されている。衝突が起こると、メソアメリカ文明をいかに除外し拒絶するかを画策するだけで、決して二つの文明の接近やゆるやかな融合は生み出されなかった。つねに衝突し、二つの異なる文明形態の根源にかかわる日常的な生存形態を維持するか否かで激しい確執と、断続的な分断が続いてきただけである。二つの文明が共存するにはその方法があるはずだが、国を改革する決断が迫った時は、きまって疎まれた文明形態は一方的に排除され、拒絶される立場に追い込まれた。その背景に、西洋文明化を理想とする夢想国家メキシコへの構想が優先され、それは他ならぬ、脱先住民化政策であった。

（ギジェルモ・ボンフィル『文明の重層国家メキシコ――疎まれた文明』拙訳）

ギジェルモ・ボンフィルは重層国家メキシコをこのように述懐している。

第五章　メスティソの国づくり

メキシコ人はいよいよ、自己のアイデンティティを模索するために、「国」と「母国」の違いを意識しはじめた。

第五章　関係年表

1748 ～ 1819	カルロス四世（在位 1788 ～ 1808）
1757 ～ 1815	マヌエル・トルサ（カルロス四世騎馬像の制作者）
1784 ～ 1833	フェルナンド七世（在位 1808, 14 ～ 33）
1804 ～ 71	ホセ・フェルナンド・ラミレス『モトリニア司祭の生涯』
1810	ミゲル・イダルゴの独立運動「ドローレスの叫び」
1818 ～ 79	イグナシオ・ラミレス、反君主制論調新聞 *La chinaca*（『貧民』）を創刊
1821	メキシコ独立達成
1846 ～ 48	メキシコとアメリカ合衆国の戦争
1858 ～ 61	レフォルマ戦争
1862 ～ 67	フランス干渉戦争と傀儡政権
1861 ～ 72	ベニート・ファレス大統領在任期間
1876 ～ 1910	ポルフィリオ・ディアス大統領在任期間

一　スペインからの贈物

強欲さの代償

贈物にもいろいろあるものだ。ヌエバ・エスパーニャ副王領に六三人の副王が派遣されたが、そのうち誰一人として記念像は建立されていない。ところが、第五三代ブランシフォルテ副王（在位一七九四―九八）が統治していたときに、カルロス四世（在位一七八八―一八〇八）の木製騎馬像が副王領に寄贈された（図17）。その像はスペインからの贈物としてメキシコシティの憲法広場（ソカロ）、スペインでいえばプラサ・マヨールのような広場に設置されたのである。副王領時代のスペイン・ハプスブルグ王朝の五人の国王と、ブルボン王朝の六人の国王は、誰一人として新大陸の海外領土を訪れていないが、この贈物は歴史家カルロス・マリア・ブスタマンテの言葉を借りれば、この地を征服し統治した「スペイン人の強欲さの代償」になるらしい。スペイン国王からの副王領への唯一の贈物となった。

図17　カルロス四世騎馬像（著者撮影）

カルロス四世と皇太子が、一八〇八年にスペインへ侵略したナポレオン一世に政略的に王位を簒奪されたのは、「アランフエスの変」であった。また、画家フランシスコ・デ・ゴヤの「マドリード五月三日」は、フランス軍が首都に侵略したときに防戦した市民の顔に戦慄がはしる姿を描いた名画だ。

フランス軍が一八一四年にスペインから追放されたあとに、皇太子はフェルナンド七世として国王に復帰するので、在位期間は変則になっている。スペイン国王不在中の一八一二年に、宗主国スペインと副王領の代議員がスペイン南部の町カディスに招集されて開催された制憲会議は、自由主義思想を憲法条文に反映した一八一二年憲法を制定した。この憲法はスペイン領アメリカ大陸の副王領が、宗主国から独立戦争を開始する時期に影響を与えた憲法となった。しかし、国王に復帰するとその憲法を廃止して、絶対君主制を宣言したフェルナンド七世（在位一八〇八・一八一四―三三）は、メキシコが独立を達成した一八二一年のスペイン国王であった。

マヌエル・トルサ

騎馬像の制作者はマヌエル・トルサ（一七五七―一八一六）である。スペイン生まれのこの彫刻家は一七九〇年に副王領にきて活発な創作活動をはじめ、カルロス四世の木製騎馬像をつくりあげた。現在、メキシコシティのソカロに威風堂々とそびえるカテドラル（大聖堂）内部壁面の聖人像も制作している。さらに、国立鉱業博物館も彫刻家でありながら建築家として完成させた。博物館はトルサが熟知したバロック様式を、イタリアの新古典主義の技法にうまく融合させた建物となった。一方、七年間かけて完成させたカルロス四世の騎馬像は、トルサを一躍有名にさせたという。カルロス四世の相貌を別人のように変貌させることなく、国王として威厳を保った形相に仕上げるために苦心したと伝えられている。ローマ帝国のマルクス・アウレリウス皇帝（一六一―一八〇）のような尊大さを加えず、ナポリ王国の傭兵隊長バルトロメオ・コレオーニ（一四〇〇―一四七五）より表情に人間味をあふれさせ、「ガタメラッタ」という呼称で知られているベニス共和国の傭兵隊長エラスモ・オブ・ナルニ（一三七〇―一四四三）より威圧感のある国王像を完成させた。このため、騎馬像としては傑作だと評価されるようになった。第五六代目のヌエバ・エスパーニャ副王イトゥリガライ（在位一八〇三―〇八）は、一八〇三年にその木造像の修復をかねてブロンズ像に製作し直すことを命じて同じ位置に設置した。そしてメキシコが一八二一年に独立したあとは、サンタ・アナ政権の末期にあたる一八五二年まで、スペインのサラマンカ大学をモデルとして一五五三年に創設された法王庁立メキシコ大学の構内に移転される。その時期の騎馬像の記録写真は、米墨戦争戦争で勝利したアメリカ合衆国の軍隊がメキシコシティを占領した時に撮影して残されている。当時のサンタ・アナ政権時代の外務大臣、ルーカス・アラマン（一七九二―一八五三）は前述したように、独立後にコルテスの遺骨が破壊されることを懸念してそれを保存した人物であるが、こんども、スペインの征服と植民地時代を想起させるこの像が取り壊されることを危惧していた。そのためか、五二年以降はこの騎馬像は大学構内から、アラメダ公園近くのファレス通りとレフォルマ通りが交差する位置に設置場所が移った。さらに、現在、この像は政府の公共機関の建物となっているトルサが建築家として設計した元国立鉱業博物館向かい側の元国立古文書館前に移転され、破壊されずに、スペインの三世紀におよぶ征服の証左というより美術品として設置されている。周辺地区は、トルサ美術館やメキシコ中央郵便局とメキシコ中央銀行が道路をはさんで立ちならび、国立芸術院もすぐ近くに眺められる旧市街地区である。二〇一三年にこの騎馬像の修復計画が持ちあがったが、その方法と材料の選定に困難をきわめ、その実施はかえって像に損傷を与えかねないと判断されて修復は見送られて今日に至っている。このように、騎馬像は文字通りメキシコの歴史の変転とともに度重なる設置場所の変更があり、さらに評価も移り変わった。いまこの付近を通行する人々は、このブロンズ像の人物は誰か、ということなど問い質す者も少なく、一九世紀のベニート・フアレス大統領もポルフィリオ・ディアス大統領もその像を撤去する指示は出さなかったので、いまではスペイン国王の騎馬像は単に、「お馬さん」の愛称で親しまれているにすぎない。スペインによるメキシコ征服とその支配の重圧は、この程度の傷跡にとどまっているのだろうか。

かえりみれば、一八〇三年にイトュリガライ副王が主催してこのブロンズ像の設置記念式典を挙行した時、参列していた歴史家ブスタマンテはその式典の雰囲気から「スペインの支配はこれからも長期にわたる見通しだ」との空気が流れていたと記述している。騎馬像の馬の左脚の蹄は、メキシコの国章の意匠の一部となるテノチティトランの所在を示したサボテンに止まって蛇をくわえているアギラ（鷲）を踏みつけているため、参列した人にとってはそれを凝視することは、不愉快きわまりなかったと言われていた。それから七年後の一八一〇年に、イダルゴ司祭が独立戦争を開始したことを知る私たちには「スペインからの贈物」にまつわる興味深い挿話となった。

二　歴史認識

独立達成への密約

スペインから独立したメキシコは、翌年に、はやくも君主制国家になってしまった。すんなり共和制に移行できなかった背景には、独立後も依然としてメキシコに君主制の復活を支持していた根強い勢力のクリオージョ階級が残存していたからだ。

一八一〇年にミゲル・イダルゴが蜂起した独立戦争はたちまち鎮圧されたが、その間にスペイン領アメリカ大陸の副王領はつぎつぎと独立した（表1）。独立を達成できる機運が一向に熟さない一〇年間の空白を埋めたのは、ヌエバ・エスパーニャ副王領王党軍司令官、アグスティン・デ・イツルビデで、一八二一年二月二四日にスペインにクーデターを企てた結果、ビセンテ・ゲレロ独立反乱軍司令官と共謀して副王領の独立を、ヌエバ・エスパーニャ副王領最後の副王第六三代ファン・オドノフに「イグアラ綱領」で確約させた。三つの保障といわれる、立憲君主制、カトリック教を国教

表1　中南米諸国の独立年月日

ハイチ	1804年1月1日
コロンビア	1810年7月20日
チリ	1810年9月18日
パラグアイ	1811年5月14日
ベネズエラ	1811年7月5日
アルゼンチン	1816年7月9日
ペルー	1821年7月28日
メキシコ	1821年8月24日
コスタリカ	1821年9月15日
エルサルバドル	1821年9月15日
グアテマラ	1821年9月15日
ホンジュラス	1821年9月15日
ニカラグア	1821年9月15日
エクアドル	1822年5月24日
ブラジル	1822年9月7日
ボリビア	1825年8月6日
ウルグアイ	1825年8月2日

出所：『物語 メキシコの歴史』より

とすること、独立国家を構成する人種の人権を保障した。

同年七月三〇日にベラクルス港に到着していた植民地最後の副王は、八月二四日にクリオージョのイツルビデと「コルドバ条約」に署名したのでメキシコの独立は達成された。しかし、スペインが条約を批准することは確約されていなかった。そのため現在でも、メキシコの「独立記念日」の祝祭日は、クリオージョが介在した独立年、一八二一年八月二四日を採用せず、あくまでも、イダルゴ司祭が「ドローレスの叫び」を挙げて先住民も動員して独立運動を開始した、一八一〇年九月一六日を踏襲している背景はここにある。

一八〇八年にナポレオン一世の軍隊はスペインに侵攻したが、一四年に退却するとフェルナンド七世は国王に復帰して絶対主義的王政を復活させた。しかし、一四年から二〇年までの六年間に疲弊した旧体制下の経済と財政を立て直したのは、自由主義者のラファエル・デ・リエゴ将軍で反動体制を打倒するプロヌンシアミエント（武力蜂起）を一八二〇年に起こした。その結果は一八一二年の自由主義カディス憲法を再び国王に承認させて自由主義的王政を二三年まで確立させた。

その三年間に、スペイン本国からメキシコに亡命するかもしれないと考えられていたフェルナンド七世を、イツルビデはメキシコに迎え入れ、君主に就かせようとしていたのである。それが不可能となれば、スペインで王位継承権のある王子を帝位につくように請願する案は、一七条から成る「コルドバ条約」のなかの第三条に明記されていた。メキシコ独立の保障と君主国家の樹立は、条約に前もって書き込まれていたのである。

しかし、スペイン本国から一人もメキシコの君主として派遣せず、即位しない場合には、メキシコ帝国議会が任命する者を皇帝とすることも条約の第八条に記載されていた。スペインは、王位継承者の派遣を拒否するどころか、メキシコが独立することすら承認しなかったため、イツルビデは自ら皇帝（アグスティン一世）に即位し、君主国が一八二二年七月にメキシコに復活する道が切りひらかれるようになったのである。しかし、アグスティン一世（アグスティン・デ・イツルビデ）の立憲君主制は早くも一八二三年に瓦解する。その原動力は、地方出身者のメスティソを中心とした国会議員が立法権の権限を行使して君主を退位させ、二四年にはメキシコ連邦共和国憲法が公布されて、二五年についにメキシコ共和国が誕生した。

グアダルーペ・ビクトリア大統領

クリオージョのアグスティン一世は悲惨な末路をむかえる。立憲君主制議会と対立し最後に追放されることになった。根本的な問題は議会と皇帝との権力闘争だ。皇帝によって創設された立憲君主制議会は、その権限が皇帝の上位に位置づけられると考え、初日から議会はその権限を行使した。皇帝による経済振興のための円滑な法案通過は議会で阻止され、最高裁判所長官の任命も承認することを拒んだ。国会議員は新憲法についての討議を先送りにし、秘密結社の集会で陰謀や帝位簒奪を密かに画策しはじめていた。一八二一年の独立国家の基盤を明記した「イグアラ綱領」では二院制を掲げていたが、議会はこれも軽視し王権さえも無視した。アメリカ合衆国政府特使のポイントセットが駐メキシコ初代公使になった一八二二年一二月に皇帝と会談したとき、その様子を特使は『メキシコ外交通牒』で述べている。「皇帝は、我々と三〇分間歓談した。自らも統治する国の実状は理想的でないと思っている。軍の司令官、士官、兵士から皇帝は尊敬されているが、彼らに給料を支払い権益を保証している間は帝位に留まるものの、こうした術が底をついたとき、彼らは皇帝を追い出してしまうだろう」。予想どおり、議会は皇帝選出はもともと不備であったという理由でアグスティン一世を非難し、退位も受理せずイタリアへ一八二三年に国外追放したのである。翌年七月に、一八一五年のウィーン会議を契機として結ばれた神聖同盟の諸国が加担しスペインがメキシコに再び侵攻するかもしれないとの情報を察知してメキシコに戻った時に、アグスティン一世は逮捕され処刑された。一八二一年にメキシコがスペインから独立すると、その年に結成された中央アメリカ連邦共和国はメキシコから分離独立し、現在のパナマ共和国を除いた中央アメリカ大陸の諸国となった。

メキシコは一八二五年に共和国になり、グアダルーペ・ビクトリアが初代大統領になったがこれからこの国の混乱ははじまる。まず、メキシコの独立を承認していなかったスペインは二九年に、メキシコ湾岸に艦隊を派遣して「再征服」を試みた。その際にスペインの侵略を撃退したのが、そのあと国家の混乱に乗じて何度も権力者になる「二流のスペイン人」のクリオージョ軍人、サンタ・アナである。その結果、スペインはメキシコと平和友好条約を締結し、最終的にメキシコの独立は三六年に承認されることになった。スペインはすでにイサベル二世（一八三三―六八）の時代であった。

イダルゴが独立戦争を始めたのは一八一〇年で、イツルビデによって独立が達成されたのが一八二一年、スペインが独立を承認したのは三六年だった。その前年の三五年にアメリカ合衆国と国境地帯のメキシコ領テキサス地方に入植していた米国人は、「アラモ砦」の攻防戦でメキシコ軍に敗北するが、その後は侵入していた地域を「テキサス共和国」として分離独立することを宣言し、三七年にアメリカ合衆国はその独立を承認した。四六年から米墨戦争ははじまるが、四七年には「テキサス共和国」はアメリカ合衆国に併合される。メキシコは米墨戦争でアメリカ合衆国に敗北すると、国境を接する両国はその後、宿命的な地政学上の問題を抱えるようになった。

君主制への回帰

メキシコに君主制が回帰したのは、フランス干渉戦争の結果である。ロンドンで開催された債権国会議（一八六一年）でイギリス、フランス、スペインの三か国は、レフォルマ戦争（一八五八―六一年）期間中にフアレス陣営が戦費調達のために借款した対外債務の二年間の返済延期宣言したことに抗議し、債権国は戦争が終了するとメキシコに軍隊を派遣して、返済不履行を理由として三国干渉することを決議したのである。軍事干渉をした三か国のなかで二か国はメキシコと合議した結果、撤退したが、フランスのナポレオン三世はメキシコのレフォルマ戦争のあとの不穏な国内情勢につけ込けこんでメキシコへ武力干渉をして国内を軍隊で鎮圧し、オーストリア＝ハンガリー帝国皇帝の実弟マキシミリアン大公を、フランスの傀儡政権の皇帝として君主制を一八六四年に樹立したのである。このために、翌年にはファアレス暫定大統領は首都を明け渡して亡命政府をアメリカ合衆国との国境地域に樹立した。

なぜ、メキシコに君主制は回帰してくるのであろうか。フランスの思惑もあったが、一六世紀に副王領に布教のためにきた宣教師の一人、モトリニア司祭はすでに、一五四〇年にスペインの海外植民地はいずれスペイン王室の子孫が君主として統治するのにふさわしい地だと述べていたことがあった。

　スペイン皇帝の臣下となる新大陸の先住民には、トュテラ（tutela）制度（成人であるが知的成熟度の劣等者に人権の擁護と教育と布教を施す制度）を適用することは必要だが、征服された先住民が将来、白人のような人格と資質を認められる存在になると見做すことは困難である。

（ホセ・フェナンド・ラミレス『モトリニア司祭の生涯』拙訳）

先住民が国家を統治することに懐疑的であることを、このように明らかにしていた。ホセ・フェルナンド・ラミレスは、マキシミリアンをメキシコに皇帝として迎える画策をした保守主義者の組織「名士会」の一員であった。彼の知己で当時パリに亡命していたメキシコの保守派で大農園所有者ホセ・マヌエル・イダルゴは、パリ在住のメキシコ人社会を率いていた。ナポレオン三世（一八〇八―七三）の妻でグラナダ生まれのエウヘニア・デ・モンティホ（一八二六―一九二〇）の友人で、何年も前からこの両者は一つの同じ夢をみていた。それはメキシコに君主国をつくることであった。

皇后にとっては、母国によるスペイン支配の復活となり、ナポレオン三世にとっては、南北戦争の混乱に乗じてアメリカ合衆国が米墨戦争で領土拡大をしたように、フランスの勢力をアメリカ大陸で拡張することを意味していた。フランスはウィーン体制（一八一四年から一五年に開催されたウィーン会議によって樹立されたヨーロッパの国際的政治体制）崩壊後に積極的な対外政策を展開して、北アフリカ、東アジアの植民地政策が成功したなかで、アメリカ大陸へも権益の扶植をはかったのである。植民地生まれのスペイン人、クリオージョの勢力がまだ強い独立直後のメキシコは、君主制樹立への執念があったことは否めない。カルロス三世の宰相アランダ（一七一九―九八）は、イエズス会士を副王領から放逐するための追放令を一七六七年に発布したことで知られているが、アランダも当時から植民地の統治は現地に派遣する官吏だけでは安定した副王領の維持は困難で、スペイン王室から王子を植民地に君主として派遣すべきだと進言していた。君主制への回帰は、保守派にとってかつてのルーカス・アラマンが残した一種の遺言状の執行である。スペイン植民地時代の遺産、君主制を否定した独立国はありえないと考えていた人物だ。

図18　ベニート・フアレス（『物語 メキシコの歴史』より

図19　ポルフィリオ・ディアス（エンリケ・クラウセ氏から提供）

共和制への復帰

しかしながら、サポテカ人とスペイン人の混血ベニート・フアレスは、一八六七年に「第二の君主制国家」のマキシミリアン皇帝を処刑したあとに共和国大統領に再選されると、共和制政体を定着させ、心臓発作で急死するまでこの国を統治した。引き続いてレルド大統領との権力闘争を制して大統領になったのがミシュテカ人とスペイン人の混血、ポルフィリオ・ディアスで長期政権を掌握した（図18・19）。かくして、クリオージョからメスティソへの権力移譲は堅固たるものになった反面、ディアス時代は、メキシコを「自由主義的君主制」（Monarquía liberal）に変貌させてしまう結果を招いてしまった。

三　メスティソの正統性

ミゲル・イダルゴの子孫

メキシコ人はスペイン人から遺産を受け継いでいない、と詭弁を弄した人物がいた。イグナシオ・ラミレス（一八一八―七九）で、ベニート・フアレス政権で法務・勧業大臣を務めた急進派自由主義者である。ディドロと協力して百科全書の編集をしたダランベール（Jean Le Rond d'Alembert）

の愛読家で博覧強記の人物であった。「メキシコ人は、宗教的にも人種的にも文化的にもスペインの遺産は継承しておらず、また、先コロンブス期の先住民の末裔でもなく、ミゲル・イダルゴの子孫である」と主張した。この考え方の背景は気にかかる。

メキシコ人とは独立国となったあとに生まれて、世代を重ねてきたメスティソがそれにあたるという持論である。副王領時代のメスティソはスペイン人が先住民を抑圧していた時代に生まれたので、その人々と独立後に生まれたメスティソと比較すると国への帰属意識が大きく異なると考えて、独立後に誕生したメスティソこそ、この国の基盤を構成する者に足ると主張した。この言説は、メキシコの独立記念日が一八一〇年九月一六日に定められている背景と相通じているが、メスティソの正統性まで言及したのはラミレスが初めてである。スペインの征服と布教、君主制と植民地統治を鋭く批判していたラミレスの信念は、レフォルマ戦争時代の自由主義者の誰よりも過激であった。

ここで人名について誤解が生じないために説明しておくが、ここで言及したイグナシオ・ラミレスは急進派自由主義者で、第三章二節や本章二節で既述したのは、保守主義者のホセ・フェルナンド・ラミレスで別人である。

「過去のない国」

イグナシオ・ラミレスは、マキシミリアン皇帝がファレス大統領に処刑されてフランスの傀儡政権であった君主制が崩壊したあと、一八六七年九月一六日の独立記念日につぎのように演説していた。「メキシコは一八二一年に独立したが、過去のない国として誕生した」と述べた。先コロンブス期と副王領時代は、メキシコの歴史と結節点はないと力説して、「国」の歴史は、スペインから離脱しようとした一八一〇年の独立戦争開始時期から始まるとした。そのために、以降のメスティソにこそ「正統性」は担保されているとの考えである。ならば、私たちは独立戦争前に誕生し、副王領時代に「血の結合」をして、モザイク文化の担い手であったメスティソの存在を無視するこの考えは、歴史の継続性を否定することにならないのだろうかと思う。それを裏づけるように、メキシコ近代史の泰斗、ルイス・ゴンサレス（一九二五―二〇〇三）は、副王領時代はメキシコの歴史の「形成期」であり、そのあとはメスティソの意識が変化してくる「啓蒙期」にあたると、『メキシコの歴史』（初版一九七三年）で歴史の継続性を説いていることも紹介しておこう。

四　母国の定礎

リバ・パラシオの歴史観

第一章七節で述べたように、一九世紀末と二〇世紀の初頭にさまざまな論客がメキシコ史について自説を述べ出したのは、メキシコで初めての通史とされる『メキシコ、世紀をこえて』をめぐり、国（nacíon）と母国（patria）の定義とその礎石を置く時期を論議するようになったからだ。リバ・パラシオの考えによると、スペイン人がアステカ王国を滅ぼした一五二一年にメキシコの「国」は建国され、独立戦争が始まった一八一〇年は「母国」の誕生になると考えた。

ところが、歴史家ホアキン・ガルシア・イカスバルセタ（一八二五―九四）は、リバ・パラシオの一五二一年の「国」起源説には同意したが、一八一〇年の「母国」誕生説に異議を唱えた。浩瀚な歴史書『メキシコの歴史編纂史料全集』のなかで、「母国の定礎は、メスティソが誕生しモザイク文化が定着する副王領時代に遡って置くべきだ」と反論している。それは、「副王領時代に先住民を抑圧し富を搾取した「植民者」のスペイン人へ向ける批判と、この時期にスペイン文明が伝播され、行政組織の改革、鉱山業、織維部門や製造業の発展を遂げる経済構造を各地に拡充したスペイン国についての論議は、区別して考えなければならない」と指摘して、副王領時代こそ「母国」の萌芽期であると強調したためである。副王領時代に国土面積は倍加し、人口は三倍に増加している。また、クリオージョやその後継者集団によるウマニスタ（人文主義者）による開明的な研究で、医学、天文学、物理学、学芸の発展と、その成果は実用的な知識としてこの時期に発展したと考えた。だが同時に、人種の階層間に生じた社会的不平等、経済的なスペインへの従属関係に対しては、抵抗が始まるのもやはりこの時期であるという。そのために、ガルシア・イカスバルセタはメスティソに意識変化が生まれて独立運動の萌芽につながったと述べた。

副王領時代とは、アントニオ・デ・メンドサ初代副王（在任一五三五―五〇）から始まり独立達成時期までの約三世紀の間であるが、その時期に「母国」の礎石は置かれるべきと主張したのがガルシア・イカスバルセタであった。その視座は、アルゼンチン人のホルへ・ルイス・ボルヘスの「メキシコ人は過去に強迫観念を抱いている」とした視点と、メキシコ人のオクタビオ・パスの「メキシコ人は過去と和解すべきだ」とした観点を想起してしまう。

副王領時代

さらに読者は、征服後の副王領時代の遺産を強く否定したのは、一九世紀半ばに「隔世遺伝」したメスティソ、すなわち、レフォルマ戦争時期の自由主義者だと思い当たるかもしれない。その点はガルシア・イカスバルセタによれば、「当時の自由主義者は独立を達成する前のメキシコと独立国家となったメキシコを、歴史の継続性を無視して別の国のように判断していたからだ」と述べて、前述したイグナシオ・ラミレスの「メスティソの正統性」も極端な論調だという。

　メスティソ論は、メキシコにかぎらず多くのラテンアメリカ諸国の支配的社会が自己に確信をもつうえで、きわめて都合の良い論理でした。しかし、混血こそがもっとも優れたものとする この論理は、征服を正当化し、現代社会にも深く影をおとしている植民地性にも蓋をする。しかも、その論理は白人絶対優越主義に代わるあらたな人種論にほかならず、今を生きるインディオは遅れたものとして隔離され、あるいは同化政策の対象となる。

（清水透『ラテンアメリカ五百年』）

これは先住民に寄りそう視点と、メスティソ論に問い直しを促す主張である。

学究生活に没頭したガルシア・イカスバルセタは一八九四年に亡くなり、法学者のフスト・シエラは革命が始まるとすぐ、スペイン駐在メキシコ大使となって派遣されて赴任地で客死するが、一九一〇年の九月一六日のメキシコ独立戦争開始一〇〇周年記念式典では執行責任者であった。その式典で、ポルフィリオ・ディアスは征服された国の歴史認識と思われる考えについて、式辞をつぎのように述べている。国立宮殿に招かれた各国の外交代表団が並みいるなかで、老獪な大統領はメキシコとメキシコ人、スペインとスペイン人に言及して、“Señores: ¡Viva España! ¡Viva nuestra Madre Grande!”（「栄えあれスペイン、われらの大いなる母国」）と叫んだ。

植民地時代の理解と評価は、歴史家ガルシア・イカスバルセタの学説と重なった。これはメキシコ人の大方が支持する歴史認識に通じる鋳型になっているのであろうか。屹然たるアステカ王国最後の王の顕彰像を建立して消された歴史と人物を忘却から蘇えらせた同じ国家元首の声明である。

ポスダタ（追記） メキシコ革命とメキシコ人

ポルフィリオ・ディアスが「スペインは、われらの大いなる母国である」と弁舌をふるったメキシコを検証する機会が到来した。国民的統一を意識して、征服されたこの国に革命が起こる。

ポスタダ（追記） 関係年表

1873 ～ 1913	フランシスコ・マデロ
1910/9/16	独立戦争開始百周年記念祭
1910/11/20	メキシコ革命勃発
1911（5月）	ポルフィリオ・ディアス国外追放
1913	マデロ暗殺されウエルタ反革命軍は実権掌握
1914	ベヌスティアーノ・カランサ暫定大統領就任
1917	革命憲法発布
1877 ～ 1923	フランシスコ・ビージャ
1879 ～ 1919	エミリアーノ・サパタ
1920	アルバロ・オブレゴン大統領就任
1926 ～ 29	クリステーロの乱
1934 ～ 40	ラサロ・カルデナス大統領在任
1946	制度的革命党結成（PRI）
1948	国立先住民研究所設立
1856 ～ 1957	ディエゴ・リベラ（壁画運動の中心的画家）
1881 ～ 1959	ホセ・バスコンセロス『ラサ・コスミカ（宇宙的人種論）』
2000 ～ 12	国民行動党（PAN）政権
2012 ～ 18	制度的革命党政権奪還
2018 ～	国民再生運動党（MRN）大統領選勝利

一　メキシコ革命の背景

独立戦争開始一〇〇周年

メキシコの首都は、イダルゴによる独立戦争開始一〇〇周年の喜びでにぎわっていた。午前中は、首都をはじめ各地方都市で、宴、式典、ガーデンパーティー、ケルメッセ（都市部で行われる自転車レース）、山車が繰り出したパレードなどがあり、夜になるとライトアップされたコロニアル風様式の建物のなかで、優雅な舞踏会やレセプションが催され、文学の夕べや演劇祭も開かれた。この豪華な祭典にはメキシコと外交関係があるほとんどの国から外交官と特派大使が馳せ参じ、スペイン大使は一八一〇年に独立戦争を始めたイダルゴやモレーロスの形見としての国旗、軍服などを両国の友好の印としてディアス大統領に返還した。フランスからは一八六三年にフォレイ陸軍元帥が持ち去った「メキシコシティの鍵」が返還された。アメリカ合衆国に持ち去られたもの――領土――は何も返還されなかったが、アメリカの代表団は恒常的に不信感を抱く隣国に明らかに友好的な姿勢を示した。しかし、ディアス大統領はこの両国関係をなに一つ忘れていなかった。彼は権力の座についてから慎重にまた効果的に、この恐るべき「北方の巨人」と外交関係を展開する。ディアスに追放されたレルド・デ・テハダ前大統領は「弱者と強者の間に砂漠がある」と常々言っていたが、ディアスはその強者から領土奪還の代わりに投資を呼び寄せた。鉱業、鉄道、金融、石油開発、農業などの分野にアメリカ合衆国は制限なしに投資した。さらに、ディアスは一八八三年の「拓殖法」で土地開発を進め、九二年に改正された「鉱業法」で天然資源採掘のため資本を呼び込み、スペイン人に征服されたこの国の構造を継承しながら国の近代化を進めたが、それで生じた社会構造の歪みはメキシコ革命の導火線になってしまった。

歴史上の英雄を礼賛する独立戦争開始一〇〇周年記念祭の厳粛な空気のなかで、ポルフィリオ・ディアスは国立宮殿の祝典演説台に立ち、メキシコの歴史を簡潔に要約しながら話し始めた。

メキシコ人は努力して、無政府状態から脱して平和国家へ、窮乏から富んだ国へ、軽蔑されていた国民から信頼される国民へ、世界から孤立していたが諸国と友好を結び、理解される国へ変わった。一国の百年の歴史として、我らの努力は小さいものだろうか。

（エンリケ・クラウセ『古層の湧出』〔*La Presencia del pasado* ＊邦訳書は未刊〕、拙訳）

彼の持論にも一理はあった。国家が達成したことに対して誰ひとり過小評価はしなかったからである。しかし、ディアスは歴史をよく理解していなかった。なぜなら、それまでの長いディアス政権で積み残されてきたこの国の社会的不満は解消できず、独立戦争開始一〇〇年祭の直後から、それがいま、一気に革命として噴出することを予期しなかったからである。それにはさまざまな原因は考えられるが、第四章三節で言及した、ギジェルモ・ボンフィルが語る「夢想国家」すなわち、「脱先住民文化」路線につながるメキシコ近代化政策を、「シエンティフィコス」と呼ばれたテクノクラート、独裁政権を存続するために加担した実証主義者官僚に任せてきた結果でもあった。

フスト・シエラ

一九〇三年になると、はじめてディアスへの批判勢力が結成された。オアハカ生まれのサポテカ人とスペイン人とのメスティソであった、リカルド、エンリケ、ヘススというフローレス・マゴン家の革命運動家の三人兄弟は、アナーキストの新聞、*Regeneración*（『レヘネラシオン・再生』）を発行して「憲法精神は無視された」と訴えて社会運動を展開したが、彼らはただちに弾圧されて国外追放された。近年はメキシコ革命の先導者として一九〇三年の三人の抗議運動は注目されている。

一九一〇年に革命が勃発するとすぐスペイン駐在大使として赴任し、一二年に客死するフスト・シエラは、革命が始まる一一年前の一八九九年にディアス大統領にこんな書簡を送っていた。その前年は、アメリカ合衆国がスペインに宣戦布告した米西戦争が始まった年である。勝利したアメリカ合衆国は、パリ条約を締結するとスペインから独立したキューバやプエルトリコ、グアムそしてフィリピンへ露骨に経済的権益を主張した。翌年には、メキシコで人口膨張が顕著になって国内で経済不安を引き起こしていたときで、さらに、メキシコ湾の石油鉱床で石油埋蔵が明らかになってくると、その権益権にまつわる不穏な国際情勢に直面していた時期でもある。フスト・シエラの書簡には「六期目となる大統領選への再出馬は終身大統領を意味し、共和制というみせかけの下で選挙を実施して、一種の君主制を堅持しようと企んでいるように見受けられます」と、長期独裁政権がもたらす重大な弊害を警告していた。

かつて、一八一〇年に始まる独立戦争の時期にもスペイン人を糾弾する新聞は発行されていたが、一九一〇年の革命が始まる前からもさまざまな新聞があった。無政府主義派の *México Nuevo* 紙（『新生メキシコ』）や、ポルフィリオ・ディアス時代に刊行されていた *El imparcial* 紙（『公明正大』）や、*El País* 紙（『祖国』）などの保守系の新聞は、反革命勢力のウエルタが失脚した一九一四年に廃刊になった。革命前の *Regeneración* 紙（『再生』）の刊行につづいて、革命後には、マデロ大統領を批判する論調記事を掲載した *El mañana* 紙（『未来』）まであった。カランサ政権になった一六年から、*La Vanguardia* 紙（『前衛』）が刊行された。また、現在でもメキシコで発行されている全国紙の *Excelsior* 紙（『エクセルショール』）と *El Universal* 紙（『普遍』）は当時から読まれていた新聞で、新聞の刊行は政治動向の解説と文芸活動まで伝える役割を果たしていた。

ポルフィリオ・ディアス時代に外国資本の流入が盛んになったが、その歪みは一九〇六年になると、メキシコ北部のソノラ州にあるアメリカ人資本家が経営していたカナネア鉱山の労働者が、外国人、とくにアメリカ人労働者とメキシコ人労働者との賃金格差を問題にして、これまでに前例のないストライキを打った。さらに、ベラクルス州でもフランス人が経営していた紡績工場でフローレンス・マゴン兄弟は労働組合を仕切っていたので、一九〇七年に労働者の待遇改善を要求した六〇〇〇人の労働者のストライキが起こり、長期にわたる流血の闘争になっていた。そのために反政府運動が労働組合にも飛び火する。闘争を未然に防ぐディアス大統領の政治工作と労使間の仲裁も成功せず、しかも、これは単発的な反動でも労働者階級に限定されたものでもなかった。国の中心部において何かが始まる気配がして、革命思想が国全体に拡散し阻止できなくなる前兆となってしまった。

フランシスコ・マデロ

メキシコシティから遠く離れたコアウイラ州で、ポルフィリオ・デイアス政権の末期に一人の若き富豪の地主が民主主義確立のために戦い続けていた。フランシスコ・マデロ（一八七三―一九一三）で、一九〇八年になると『一九一〇年の大統領継承問題』という一冊の本のなかでディアスの族長的な政治体制を否定していた。一九〇三年からは民主主義の再生という計画に着手してきた運動家である。一九〇九年になると決定的な手段に訴えた。「大統領再選反対国民党」を結成して、一九一〇年の大統領選挙めざして自ら立候補する決意をしたことは述べてきたとおりである。アメリカ合衆国でみられるようなマデロの全国遊説は、「細菌が象に戦いを挑んだようなもの」と祖父、エバリスト・マデロはこの挑戦を形容したほどである。立候補したことを知ったディアスは「とうとう、フランシスコ君は気が触れてしまったのか」と呟いたといわれている。しかし、年老いた独裁者は一九一〇年七月になると、「天の声」で指名された者のように大統領選に立候補した。その結果は明らかに不正選挙をして、立候補したフランシスコ・マデロを退けたことは言うまでもない。

ディアスが一九〇四年に七期目の大統領に就任したときから、大統領の任期は現在のように六年間に延長されていたので、八〇歳になって八期目の大統領戦で一九一〇年に再選されて、そのまま任期を全うしていたら八六歳に達していただろう。歴史家フランシスコ・ブルネスは皮肉をこめていう。「一流の独裁者とは、国の権力のみならず、寿命まで延ばすほどの稀な生き物だ」。大統領選挙投票日のひと月前に、公権力に対する侮辱と政府転覆の嫌疑で逮捕されたフランシスコ・マデロは、候補者として大統領選挙に立候補する資格を失い、サン・ルイス・ポトシ市の刑務所に投獄されたまま選挙は実施され、ディアスの再選が決まった後に釈放されて国外追放になったのである。アメリカ合衆国のテキサス州サン・アントニオに向かって、そこから大統領選の違法性を訴えて、一九一〇年一一月二〇日、ディアス打倒の革命開始を民衆に呼びかけた。これがメキシコ革命のはじまりである。

メキシコ革命は、一九一〇年一一月二〇日に始まる。しかし、それは、その日を期して、バスティーユの襲撃や、二月革命のような民衆の大蜂起が起こり旧体制をゆさぶりはじめたことを意味しない。一一月二〇日に始まったのは、一連の小規模で弱体なゲリラだった。しかもそのゲリラは、資金難と弾薬装備の不足のために、政府軍を相手にしていっこうにきわだった戦果をあげることができず、一時は消滅するのではないかと危ぶまれさえしたのである。

（増田義郎『メキシコ革命』）

しかし、マデロを支持する勢力はメキシコ各地に広がり、メキシコ中央部のモレーロス州のエミリアーノ・サパタをはじめ、アメリカとの国境地帯の北部チワワ州のフランシスコ・ビージャや、首都から離れた地域のサン・ルイス・ポトシ州、サカテカス州、ミチョアカン州、イダルゴ州などの州知事や地方の権力者は、ディアス圧政に対抗する反乱部隊を編成して長年の独裁者を打倒する社会改革に挑んだ。だが、後に述べるように革命は長期化した。その背景は、革命当初から独裁政権を打倒することで一致していたものの、革命勢力の陣営にはまず、コアウイラ州の豪族のマデロが求めていた民主主義にもとづく政治改革があった一方で、農地改革を実施して大土地所有者から土地を奪還するような、先住民と農民と労働者を巻き込んだ社会変革を訴えていた地方権力者もいたので、革命精神において隔たりがあったことがあげられる。この二つの路線の違いを理解することは、メキシコ革命が長期化したことを知るうえで欠かせない。

マデロはカウディージョであった。

カウディージョ（caudillo）という言葉の意味は、次のように解説できる。元々、スペイン語のcauda（司祭の祭礼服の長い裾）から由来すると言われていて、ちょうど、ほうき星の長い尾のようなものを指す。しかし、実際は、ラテン語のcapitellumから由来して戦場で指揮する頭目、司令官のような立場の人を意味するらしい。言葉というものはその単語を外国語の同義語で置き換えても、必ずしも、その意味合いが過不足なく伝達されることは難しい。メキシコのカウディージョは、ドイツ語のführerではない。というのは全体主義的志向は含んでいないからである。また、単に英語の軍隊用語chieftainでもなく、イタリア語のcapoではマフィアのボスの意味が出てしまう。同じイタリア語でもduceの称号は傲慢な響きがする。いずれの同意語でも意は尽くせない。英語のleaderの意味には比較的に近いが、それでは世俗権力の掌握者に過ぎず、マックス・ウェーバーが言う、なかば神聖な領域内で支配力を発揮するカリスマの響きが十分含まれない。一九世紀メキシコ、カウディージョの世紀に登場した人物は全員、メキシコ革命に活躍した偉大な指導者（エミリアーノ・サパタやパンチョ・ビージャ）のように独特のオーラを共有している。（中略）彼らは国難の時期や戦乱の最中を重厚な伝統（先住民文化、キリスト教文化）の強力な引力と葛藤しながら、一刻の猶予も許されない状況で弾圧からの解放と経済の発展を、追い求めなければならなかった。勇気と品位を示して、抗しがたい宿命に立ち向かった典型的な英雄の姿もある。

（エンリケ・クラウセ『メキシコの百年 1810-1910』拙訳書）

メキシコのカウディージョは、「地方ボス」という一面的な現象をともなう訳語が与えられているが、クラウセによれば、より融合された認識であるという。単なる世俗権力の掌握者ではないことになる。

マデロは一九〇三年から民主主義の再生という計画に着手してきた運動家である。ある意味で、彼がパリにいるときに読んだ数々の古典から影響を受けたといってもよい。ゲーテやJ・J・ルソーの作品、一七世紀スペインのメルセッド修道会士で当時の政治的権力者、オリバレス公爵と対立した劇作家ティルソ・デ・モリナの著作、さらに、スペインを代表する一七世紀の劇作家で司祭にもなったロペ・デ・ベガの多彩な文学作品などがあげられる。マデロは、ベニート・ファアレスのように忍耐強く、メルチョール・オカンポのように極端に自立心が強かった。マデロは、一八五七年憲法の精神と、レフォルマ改革時代の自由主義者の理論闘争を再び採用したので「民主主義の使徒」とまで称せられた。こうして、メキシコで歴史上最大規模の革命が始まる。農民も武装して各地方の革命軍にゲリラ活動部隊として編成されたことは、戦力として参戦した労働者の新たな一面となった

人口移動

また、メキシコ革命は思いがけないメキシコ人の人口移動を生みだした。それは、一九二〇年ごろから革命軍の解体が始まると、メキシコ各地に遠征していた軍人は出身地にもはや戻らず、遠征先を新たな定着地として生活の基盤を築くようになった人々もいたからだ。なかには、家庭を持っている兵士、そうでない兵士もいたが、帰郷しない多数の軍人がいたのはこの国の特徴かもしれない。これは国内各地でメキシコ人の大規模な定住人口の増減となった。メキシコ革命が勃発したメキシコ北部の人々が、遠征先の各州の人々と交わり、そこに住みつくと、政治、社会、産業、商業のほか文芸活動の面でも影響が生じてきた。一例として、メキシコ北部の人が地方色豊かな文化の地域、オアハカに移動すると、その地方の伝統を引き継ぐ担い手と交流することになる。チワワ州出身者の軍人がユカタン半島に遠征してその地に留まったり、なかには、北部激戦地の非戦闘員であった人々も戦禍をさけてメキシコ中央部の都市に移住する現象も顕著になった。

たとえば、壁画運動の中心的存在画家ディエゴ・リベラはグアナファト州出身で、シケイロスはチワワ州生まれで、メキシコシティに移動した。さらに、思想家フスト・シエラ、歴史家フランシ

スコ・ブルネス、法学者エミリオ・ラバサ、音楽家マヌエル・ポンセなどはメキシコ革命時代に外国に亡命していたし、のちに帰国した人々である。このような人の往来は革命のあとに生じていた。革命は教育面で荒廃をもたらしたが、文化や芸術の担い手には意識の変化を促した。小説家マリアノ・アスエラは、カランサが革命政府軍の実権を掌握していた時期にアメリカのテキサス州で刊行されていた *El Paso* 紙に、メキシコ革命の悲観的な側面を描いた *Los de abajo*（『虐げられし人々』）を掲載していた。同時代の一九一六年頃には、マルティン・ルイス・グスマンやホセ・バスコンセロスも健筆をふるっている。

メキシコ合衆国国歌

この国の歴史のリズムは常に戦争が刻んできたようだ。サンタ・アナ時代の末期にあたる一八五四年九月一六日に初演奏されてから広く歌いつがれ、一九四三年に制定されたメキシコの国歌は、歯切れのよい軍歌のようである。メキシコ社会の奥底に埋もれている戦争の回想とその敗北感を癒す響きがあり、歌詞に「戦争」という言葉が全一〇連のなかに七回も繰りかえされている。作曲を担当したのは、サンタ・アナがキューバから招いたスペイン人のハイメ・ヌーニョで、軍楽隊指揮者で軍歌の作曲もしていた。作詞はフランシスコ・ゴンサレス・ボカネグロで、曲想はメキシコ版「ラ・マルセイエーズ」といえるが、フランスの国歌と比べると歴史の重みにかける。

メキシコ合衆国国歌

（リフレイン）
メキシコ人よ、ときの声聞こえなば
剣と鞍を用意せよ。
大砲のとどろきで
大地の底までゆるがせよ。

（第一連）
おおわが祖国、汝の頭を大天使が
オリーブの枝もてかざらんことを。
汝の永遠の運命は
神のみ手に記されたり。
外敵ありて不遜にも
国土を踏みにじらんとするならば、
思い起こせ、神は民のひとりひとりを
兵士として汝にあたえたまいしを
（リフレイン）

（……）

（第一〇連）

祖国よ、祖国、われらは誓う。
進軍ラッパ朗々と鳴り響き
勇気もて戦えと召されなば
汝の祭壇にこの身をばささげん。
国にはオリーブの花環、
民には栄光の思い出を。
国には勝利の冠、
民には名誉の墳墓を。

（リフレイン）

（『世界の国歌総覧』悠書館）

二　革命の推移

革命の期間（一九一〇年―四〇年）・第一期

メキシコ革命について多くの学説を紹介しているスタンレー・ロス著『メキシコ革命は死んだのか』を参考にして整理してみると、一九一〇年から四〇年までの三〇年間は「革命の期間」とみなされ、一九四〇年から六〇年までの二〇年間は「革命の進化の期間」となる。メキシコ革命は、じつに長い歴史的運動であった。メキシコ大統領として日本を初めて訪れたロペス・マテオス（在任一九五八―六四）は、メキシコ革命の精神についてこんな述懐をしていたことがある。

一八一〇年の独立戦争、一八五七年のレフォルマ改革、および一九一〇年のメキシコ革命は、同一の国家構造が持つ異なった断面、すなわち、人間的自由、政治的自由、および経済的自由の表れであり、これらすべての自由はメキシコ人の願望である。この目標の達成に通じる措置が長期を要する場合には、効力は変化するし消滅するものであるが、革命の理念は現在まで生きている。そして将来においても、引き続きわが国の運命を方向づけていくのである。

（スタンレー・ロス『メキシコ革命は死んだのか』中川文雄・清水透訳）

一九一〇年一一月二〇日に、サン・ルイス・ポトシ市の刑務所に投獄されていたマデロが発表した「サン・ルイス・ポトシ計画」は、「自由な選挙で有効なる投票・大統領再選反対」というスローガンであるが、その呼びかけに応じた主要勢力は、メキシコ中央部のモレリア州を中心に武装した農民を統率したエミリアーノ・サパタ、西部のコアウイラ州知事のカランサ、北西部のソノラ州の軍人オブレゴン、それにチワワ州のフランシスコ・ビージャの諸勢力であった。このようにしてメキシコ全土で熾烈な戦闘が始まった。政府軍と革命軍のゲリラ戦は翌年に入っても戦局は進展しなかったが、ビージャが国境の町シウダ・ファレスで、サパタがメキシコ中央部のモレリア州で政府軍との戦闘に勝利すると、戦局は一挙に変わり停戦協議が始まった。サパタとビージャが編成した、農民や労働者などの非正規戦闘員が革命軍に加勢したことは、革命達成には不可欠な勢力となりメキシコ革命の特異な一面を物語っている。

ディアス独裁時代が革命で終焉すると一九一一年一一月に大統領に就任したマデロは、二〇世紀メキシコに民主主義を樹立しようとする実験を試みて一五か月間政権を維持した。そのため、メキシコは、民主主義に基づいた近代的な政権継承ができる政治体制に国を移行して、かつ正統性を軸として政治の活力を生み出す民主的ブルジョア革命へ向かって進むかのようにみえた。しかし、マデロに求められた時代刷新の期待感は、国内情勢に不穏状態を生みだす結果を招いてしまったのである。マデロの最大の功績としては、ポルフィリオ・ディアスの長期独裁政権を打倒したことであり、国の各省庁の大臣・長官人事を刷新し、メキシコ全州の知事を交代させ、一九一二年には上下国会議員の国政選挙と地方議員の選挙を実施したが、皮肉にも選出された人材の行政能力は期待された水準に達した者ばかりとは限らなかった。さらに、革命軍とともに参戦したメキシコ各地の「非正規戦闘員」への論功行賞に不満はつのり、革命後にみられた日々に高まる労働者の賃金上昇要求とストライキ突入への対処に政府は労働庁を新設したものの、革命的労働組合（Casa del Obrero Mundial）が組織されると、一九二〇年代にイタリア、スペイン、フランスで席巻したアナルコシンディカリズムへ、メキシコの労働者も誘導されていく空気が濃厚になった。かくして、マデロの掲げた革命精神の遂行はその意志半ばで、ディアス時代の権益を守ろうとする旧体制派からの抵抗と重なり、農民と労働者が引き起こした国内政情の不安要素は増幅された。かつてディアスの腹心でフランスに亡命する大統領をベラクルス港まで護衛したビクトリアーノ・ウエルタ将軍（一八五四―一九一九）は、この時期に、マデロを打倒する反革命軍を組織するようになる。メキシコ革命政権はマデロにより樹立されたが、たちまち、反政府勢力が台頭してきた。ウエルタはマデロのような革命家ではなく、ディアス流の独裁政治の再現を意図して、メキシコ革命も政権交代のクーデター程度に判断したのだろう。

ビクトリアーノ・ウエルタの反乱

かくして、反革命軍は一九一三年二月九日に、マデロ大統領を大統領府に軟禁した。そのため、首都は騒乱状態になり大統領府から出たマデロ大統領と補佐官のピノ・スアレスは市中で二月二二日に銃殺され、多くの市民もその犠牲に巻き込まれた。当初、アメリカ合衆国のタフト共和党政権（一九〇九―一三）は、ドイツがマデロ大統領に反逆したウエルタ将軍に武器・弾薬を援助しはじめたとき、民主主義の理念に従ってそれに対抗するマデロを支持していたが、その後ウエルタ支持に転じた。ウィルソン民主党政権（一九一三―二一）になると、メキシコ駐在大使を介してメキシコ在住の米国人の資産を保護する口実で、アメリカ合衆国はウエルタ将軍の革命政府転覆活動に介入するようになる。アメリカ合衆国は矛盾したメキシコへの外交戦略と干渉政策をとって、民主主義の理念に反してウエルタ反乱軍の台頭を黙認してしまった。

大統領の身柄を大統領府に拘束したクーデターの期間、二月九日から一九日までは「悲劇の一〇日間」と言われている。矢作俊彦の小説『悲劇週間』に、この事件で身の危険を感じたマデロ家の人々を保護した在メキシコ日本公使館の様子が描かれているが、小説の巻頭言にオクタビオ・パスのつぎの言葉が引用されている。「メキシコ革命には思想などはない。それは現実の破裂である」。これは、メキシコ革命開始からそのあとに続く権力闘争の展開を端的に表す言葉となってしまった。メキシコ革命は、統一した革命路線を追求するよりむしろ、新たな権力者が既存の勢力に抵抗して革命精神を阻み、改革の停滞さえ生み出す代償まで払って現実主義を貫いた闘争のようだ。メキシコ革命と呼ばれる緊急性を帯びたかたちで現実化していったのである。そのためにメキシコ革命は、明確なイデオロギーと、偉大な理論家が欠如していたと批判されることとなった。たとえば、革命初期のフローレス・マゴン兄弟にしても、法律家で財務大臣（在任一九一四—一七、一九—二〇）に二度も就任し、一九一七年憲法の第二七条「地下資源の所有権は国家に属する」を規定する立案に参画したほどのルイス・カブレラ（一八七六—一九五四）にしても、理論家というより倫理観を強調した人物だったという見方があった。

「会議派」と「護憲派」に分裂

ウエルタの反革命勢力が消滅したあと、コアウイラ州のベヌスティアーノ・カランサ陣営は立憲主義を中核とした革命路線を推進しようとした。一方、農地改革を強く求めていたエミリアーノ・サパタ派は、農民と労働者のために社会立法やその実現の道を要求した「アヤラ綱領」を主張して、少数派ながらも芽生えてきた社会の中間層も加えて、これまで権利を無視されてきた階層の人々の土地所有にまつわる権利の奪還を優先する革命遂行を訴えた。また、これまでメキシコの社会に存在しなかった社会階層、労働者階級も賃金交渉や労働条件改善などの法的保護を主張しはじめたのである。このように、ディアス政権を打倒したメキシコ革命派の陣営内で大きく二つの路線に分裂する時期が到来した。

二つの路線が明確に分裂するのは、一九一四年一〇月にアグアスカリエンテス州の州都でアグアスカリエンテス会議が開催された時期である。ウエルタを打倒したあとに革命政府の基本方針を確立する必要に迫られたからだ。すべての革命勢力が結集したこの会議で、農地改革を強く求める急進的な革命を断行したいサパタ派陣営に、労働者の要求を組み入れた改革精神を叫ぶビージャ派陣営が合流し、会議の主導権を掌握したい両陣営は会議派（Convencionalista）という革命勢力集団を結成した。両陣営は各州の自治と主権の奪還を要求したので民衆から強い支持を受けていた。もう一つの勢力集団は、カランサやオブレゴンを中軸にした立憲主義を旗印とする「護憲派」（Constitucionalista）で、革命を理論武装化したい陣営である。しかし、アグアスカリエンテス会議は基本方針作成が始まると審議に合意しないカランサが会議を途中で退席すると決裂し、メキシコ革命開始後の最大の内部分裂を招いた。革命児サパタやビージャに対立した政治家と軍人との権力闘争に変貌した。

一方、憲法と連邦議会を至上主義とする「護憲派」は、のちに二二〇名の代議員がメキシコ革命の精神を謳う一九一七年憲法を憲法制定議会で起草した。全九部一三六条からなる反教会、反権威主義を基盤とする民族主義を明確に盛りこんだ革命憲法を発布するようになる。ついに、一九一五年、二つの陣営間の戦闘「セラヤの戦い」を勝利した「護憲派」のカランサとオブレゴン陣営は、サパタとビージャの二人をメキシコ革命の反革命勢力とみなして粛清を始めると、「会議派」は勢力を失い両派間の権力闘争は終結して、カランサは暫定大統領になり一九一七年に革命憲法が発布されると正式の大統領に就任した。

しかし、革命精神推進の司令塔となったカランサに、その指導力が後退していく時期が来たのを的確に察知したのがアルバロ・オブレゴンであった。権力を自分の側に吸収する機会が到来したと考えたのである。その時期とは、カランサが同志にはからず、一九二〇年のカランサ大統領の後継者に、駐米メキシコ大使のイグナシオ・ボニージャスを指名した時だった。オブレゴンは、配下のプルタルコ・エリアス・カージェス（一八七七―一九四五）に、カランサ政権打倒の蜂起を「アグアプリエタ綱領」で呼びかけたので、危険を察してメキシコ市からプエブラ州の山中へ逃走中のカランサ大統領は、反カランサ陣営のアドルフォ・デ・ラ・ウエルタ（一八八一―一九五四）の勢力により、一九二〇年五月に暗殺された。同年六月にウエルタの暫定政権が樹立したあと、一二月にはアルバロ・オブレゴンが正式の大統領に選出される。メキシコ革命がはじまって一〇年間にマデロ、ウエルタ、カランサ、オブレゴンと権力者の過激なまでの権力闘争が繰り広げられた。

フランシスコ・ビージャとエミリアーノ・サパタ

メキシコ革命時代の異色の人物は、フランシスコ・ビージャ（一八七七―一九二三）と、エミリアーノ・サパタ（一八七九―一九一九）の二人である。農民と労働者はこの国のなかで常に社会の周縁にあって国家の変化と進歩に直接組み込まれなかった人々であったが、この二人はメキシコ革命でそんな階層の人々の要求を汲みあげようとしていた。その一人、パンチョ・ビージャ（フランシスコ・ビージャ。パンチョはフランシスコの愛称）の出生はよく知られていないが、メキシコ北西部のドゥランゴ州に生まれたと伝えられている。当時、メキシコ辺境の北部諸州は人口も少なく、もう一人の英雄エミリアーノ・サパタが活躍していたメキシコ中西部モレーロス州の農村地帯と比べても、この地域は国の歴史・変遷や国政への関与の度合いは著しく限定されていた。さらに、アメリカ合衆国と接する国境地帯になれば、一九世紀になっても攻撃的なアパッチ人の襲撃に力で徹底抗戦をせざるを得なかったので、人々の対抗気質に激しいものがあった。ビージャはポルフィリオ・ディアスが四期目の大統領に就任した前年にあたる一八九一年頃に、その地帯で家畜泥棒、略奪者として悪名をとどろかせていた人物で、この地方の野放図な気性を持ち、力による制圧を第一とする男だった。しかし、メキシコ革命が始まった一九一〇年頃に、ビージャはチワワ州で社会や政府から抑圧されていた階級の人々の側に立つ、正義感の強い救世主のように変身した向きがあったといわれていた。ビージャがリオ・ブラボー（グランデ）河の国境付近で動向が注目されはじめた時代とは、アメリカ合衆国西部はまだ駅馬車全盛時代で無頼漢が横行していたころである。バッファロー・ビルやカスター将軍、ワイアット・アープ保安官がその名を知られていた時代だった。ビージャが英雄と言われたのは単に、資産家から金品を略奪して貧しい人にそれを分け与えていたからである。ヘラクリオ・ベルナルも同時代の「お尋ね者」で、ドゥランゴ州やシナロア州でもっぱら鉱山主や富豪から土地や金品を略奪していた。

歴史家ジョン・リードは一九一四年に書いた著書『反乱するメキシコ』のなかで、正義感の強いビージャこそ「メキシコのロビン・フッドだ」と称えている。日本風に言えば任侠道に生きた伝説的人物であったのかもしれない。人格については多くの人がさまざまな意見を述べているが、ジョン・リードはさらに、今まで会った人物のなかで最も自然体の人であった、自然体とは野生の動物に近い人間という意味であるとも言っている。メキシコ革命後に文芸復興運動を推進したホセ・バスコンセロス（一八八二―一九五九）は、ビージャは野獣のようで、爪の代わりに機関銃と大砲を用いたと人物批評をしたほどである。当時メキシコに駐在していたイギリス領事、パトリック・オヘアは「筆舌に尽くしがたい人物だ」と語り、ビージャの列伝『パンチョ・ビージャ』を描いたラモン・プエンテは、ビージャの晩年に妻となった女性の一人、ソレダ・セアニェスの言葉を伝えている――フランシスコは不快なときはまったく手をつけられない人であったが、上機嫌なときはまるで別人と思えた――（図20）。このようにビージャは、ポルフィリオ・ディアスを打倒したフランシスコ・マデロの革命精神に合い通じる使命感を引き継いだが、民主主義の再生という計画に着手した革命運動家と異なり、社会の周縁にあって国家の変化と進歩に直接組み込まれなかった人々のために、法律、制度、富の不当な分配構造、すな

図20　中央がフランシスコ・ビージャ
（エンリケ・クラウセ氏から提供）

わち、メキシコ社会に根づく不正に意義を申し立てた人物だった。

メキシコシティの主要道路の一つに「北部方面師団」と呼ばれていた通りがあった。首都の幹線道路の名称が新しい道路標識方式（EJE）に改正されるまでは、長く人々に親しまれていたこの街路名が付いていたのは、革命軍に参戦した「北部方面師団」長のビージャがメキシコ人に親しまれていたことの証左であろう。ビージャの武勇伝は単なるカリスマ性をしのぐ「偶像崇拝」の域に達していた。めまぐるしい超人的軍歴から「ケンタウロスのようだ」と形容されていたのも不思議ではない。メキシコ革命が始まりマデロ政権を打倒したウエルタ将軍の反革命軍と各地で戦ったビージャ率いる軍隊は、激戦地サカテカス州やトレオン市やシウダ・フアレス市ですさまじい戦果をあげたので、その勇猛さを称える「行進曲サカテカス」ができあがり、「第二のメキシコの国歌」として親しまれ、いまでも歌いつがれている。この曲は、コアウイラ州トレオン市からサカテカス州への行軍の勇姿を想起させるリズミカルな曲想で、メキシコ北部荒涼地帯を行く軍馬の先頭に国民服をまとい、弾倉帯をたすき掛けにしてソンブレロをかぶったパンチョ・ビージャの行軍が目に焼きつけられるようである。西部劇さながらのビージャの活躍は、米国の映画会社 Mutial Film Corporation によって行軍が撮影され、モノクロの無声

図21　エミリアーノ・サパタ（エンリケ・クラウセ氏から提供）

フィルムとして公開されて人気を博し、当時のメキシコ人の多くは劇場に通ったと言われている。この映画への出演契約によりビージャは巨額の出演料を得て、北部方面師団の軍資金となった。

一方、もう一人のメキシコ革命の英雄エミリアーノ・サパタは、大地ほど農民にとって神聖化されたものは他にないと考え、なによりも農地改革に邁進した。不法に占拠された村の共有地と水利権の奪還、土地なき農民への土地の再分配など、モレーロス州で宣言した、ポルフィリオ・ディアス時代を糾弾したフローレス・マゴン兄弟の思想をとり入れた「アラヤ綱領」を革命闘争の基本方針として立案して、大農園の即時解体と農民への土地の返還を求める武装闘争を強行した。そのため、社会主義の限界を見通した急進的なサパタの革命思想は、無政府主義的な戦略と宗教的神秘主義が潜んでいるとする見方もあった、もう一人の革命時代の英傑である（図21）。

革命の期間（一九一〇年―四〇年）・第二期

アルバロ・オブレゴン政権

一九二〇年から四〇年はつぎのようになる。アルバロ・オブレゴンが大統領に就任してから、ラサロ・カルデナス大統領の政権が終わるまでの二〇年間で「内戦の期間」ともいわれている。内戦とは、オブレゴン政権にのしかかってきた「クリステーロの乱」（一九二六―二九年）であった。それはメキシコ社会の根底に根強く浸透していたカトリック教会と、それを強く支持していたハリスコ州、ミチョアカン州、サカテカス州などを中心とした信者が結集して、オブレゴン政権の打ちだした政策は教会の権威と教条主義を弾圧しているという理由で、革命理念に対抗した武力闘争に発展させたからである。

伝統的なカトリック教会の宗教体系の維持と教会の経済基盤を温存したい保守派勢力は、革命政府と対立した。オブレゴン政権は、一九一七年革命憲法を堅持し、すなわち、レフォルマ戦争で果たせなかった信教の自由と、同時に、カトリック教会を国家の管理下に置いて教会資産を国有化し教会の経済基盤を解体し、ディアス時代からの社会構造のひずみの改革を断行した。現在でも、メキシコの基本的憲章である一九一七年憲法は、全九部一三六条からなる条文の約三分の二は、一八五七年自由主義憲法の引き写しであるが、一七年憲法では、大統領の再選禁止が明記され、政教分離が確認され、初等教育については明確に宗教団体の強い影響を受ける教育機関の教育から解放を目指して、世俗的な教育機関に委ねる条項、教会の不動産所有の禁止、そして婚姻は民事婚とする条項などが定められていた。

さらに、オブレゴン政権のあとに大統領に選出されたプルタルコ・エリアス・カージェス（在位一九二四―二八）は、二六年に「カージェス法」を制定し、国家と教会をさらに厳然と分離し、メキシコ人を伝統的な宗教の束縛から解放しようと考え、植民地時代に布教されたキリスト教と、教会が蓄積してきた経済基盤と、保守勢力の伸長を抑圧した。国民同士が殺傷し合う凄惨な闘争になった「クリステーロの乱」はアメリカ合衆国とメキシコの最高裁判所の仲介で、二九年には教会側の勢力が譲歩したので、メキシコでカトリック教会の影響力の弱体化は顕著になった。この状況を受けて、メキシコはローマ教皇庁と外交関係を断絶するに至り、一九九二年の憲法改正まで修復されることはなかった。

このようにメキシコ革命は、革命精神が完成品として生まれたものではなく、きわめて暴力的な運動で、その破壊力の代償は国と国民にとって計り知れない結果を招いた。メキシコ革命においては、マデロが唱えた政治改革、「クリステーロの乱」のあとに保証された信教の自由、ビージャやサパタが求めた農民の農地奪還の権利と社会変革、カランサとオブレゴンが提唱した労働者の団結と組織力を強化して経済的な保障をしたことなどそれなりに成果があがった。そのあとに、カルデナス大統領の政権がはじまると、さらに、石油や鉱山産出物のような地下天然資源の国有化などを主張した強力な行政府の誕生と、強い民族主義的な精神が芽生えてきた。キューバ革命を除いて、これほどの社会革命は他のラテンアメリカ諸国ではみられなかったし、メスティソの国に即応するように革命精神の軌道を修正していく過程こそ、メキシコ革命の真髄であった。

革命の進化の期間（一九四〇年—六〇年）

集団的ポルフィリオ・ディアス体制

一九二九年に世界恐慌が始まりメキシコの経済も悪化し、三九年には第二次世界大戦が勃発する。その間に、メキシコは革命後の人口移動のために農村経済型社会から都市経済型社会へ移り変わり、人口増加も顕著になってきた。時期を同じくして、革命精神の遂行形態は武力闘争型に代わって、政党を結成して勢力闘争する型に進化していった。その変化は一九二九年に国民革命党（PNR）が結成されたときから急速に進行する。

「クリステーロの乱」を誘引したとされるプルタルコ・エリアス・カージェス大統領（在任一九二四―二八）は、オブレゴン政権のあとに大統領に就任したが、その任期を満了した後は、「マキシマート」（絶対的権力者）と呼ばれる権力者に化していった。「デダソ」（スペイン語でdedazoは肥大化した手の指を意味する）とは、絶対的権力者が意中の人を与党の次期大統領候補に指名するいわゆる「禅譲方式」で、与党政権が信任を与えた人物が次期大統領候補に選出される仕組みができあがった。革命精神は事前に対抗勢力を吸収していく陰湿な権力闘争に変形したのである。マキシマートのカージェスがこの方式で、エミリオ・ポルテス＝ヒルを大統領（在任一九二八―三〇）に指名し選出したあと、バスクアル・オルティス＝ルビオ（在任一九三〇―三二）と、アベラルド・ロドリゲス（在任一九三二―三四）も同じ方式で短期任期の三人の大統領として就任した。一極権力集中型のこの方式で、カージェスが強い影響力を及ぼした時期は「カージェスの一〇年」と呼ばれていた。しかし、この権力者を国外追放したのは、メキシコ革命の「革命の期間・第二期」を締めくくった、ラサロ・カルデナス大統領（在任一九三四―四〇）である。

カルデナスは一九三八年にメキシコの石油資源を国有化し、一九四〇年にメキシコ石油公社を設立して、さまざまな穏健社会主義政策を推し進めた大統領であった。スペイン市民戦争の共和派の政治亡命者を多くメキシコに受け入れをはじめたのもこの時期で、また、大統領が先住民の要望に耳を傾ける姿を誇らしげに報道したメディアは、この大統領の支持層を拡大させた。

一九二九年に国民革命党（PNR）は成立し、労働者を支持基盤として一党独裁制の基礎が築かれるが、こうした方向性を決定づけたのは、農地解放を強力に推進させたラサロ・カルデナスです。ロシア革命が一党独裁体制を目指したのと同様に、カルデナス政権は、国家政策に関する「国民的合意」を形成すべく、労働者や農民、一般市民の組織化にも積極的に乗りだします。まずは、労使紛争に直接介入し、ストライキを援助して労働者に有利な決定をつぎつぎと下す。こうした働きかけを通じて労働者の支持基盤をかため、さらに政府の肝いりで組合を組織化します。一九三五年にまず全国農民連合（CNC）を設立し、全国的規模でインディオを含む農業労働者を組織化する。翌三六年にメキシコ労働者連合（CTM）を結成し、全国の労働者をまとめあげる。さらに三八年にはそれまでの国民革命党を解体、部会制を基盤とするメキシコ革命党（PRM）が成立します。それは全国農民連合を主体とする農民部会、メキシコ労働者連合を主体とする労働部会、一般市民からなる一般部会、そして、軍部会の四つの部会からなり、国民の各利益団体の政治参加が制度化されると同時に、部会を基盤とする革命政権への集中が達成される。しかも、他のラテンアメリカ諸国が軍事クーデターをくり返すなかで、カルデナス政権の末期には軍部会を一般部会に吸収し、以後、軍部が組織として政党内で独自の意志を表明する道は断たれることになります。

（清水透『ラテンアメリカの五〇〇年』）

「部会」とは、業種別労働組合とか、組織別労働集合体と理解すればよいと思う。このように一党独裁体制を基盤とする歪曲した革命精神は、ホセ・バスコンセロスの言葉を借りれば、「集団的ポルフィリオ・ディアス体制」と名づけられることになる。社会の変革をめざす勢力グループと圧力団体が、支持者と労働者を機構別に制度化した組織をつくり、そこからの要求を呑みこんだ連合体のような政党、制度的革命党ＰＲＩが一九四六年に誕生したからだ。この時点はエンリケ・クラウセによれば、「新たな反民主主義の体制護持秩序」をつくり出したという。

そして、その政党メカニズムは将来、亀裂をいざなう道筋になることは、まだ、予測されていなかった。

文芸協会

一方、一九四〇年から六〇年までの「革命の進化の期間」でみられた権力闘争の変遷とは異なる次元で、一九〇八年に設立された文芸協会（アテネオ）の躍進に注目できる。この期間に、ホセ・バスコンセロス（一八八二―一九五九）や同時代の考古学のアルフォンソ・カソ（一八九六―一九七〇）、スペイン市民戦争の亡命者の一人で思想家のアルフォンソ・レイエス（一八八九―一九五九）、労働者支援組織の結成を支持したビセンテ・ロンバルド・トレダーノ（一八九四―一九六八）、法律家のフスト・シエラ（一八四八―一九一二）などを輩出したからだ。また革命文学の分野では、革命で戦った先住民を描いた『虐げられし人々』のマリアーノ・アスエラ（一八七三―一九五二）、『領袖の影』を書いたルイス・グスマン（一八八七―一九七七）などは、メキシコ文化革命と言えるような時代を確立している。

壁画運動は、ディエゴ・リベラ（一八八六―一九五七）、ホセ・クレメンテ・オロスコ（一八八三―一九四九）、ダビド・アルファロ・シケイロス（一八九六―一九七四）らを中心とした画家たちがはじめた、識字率の高くない階層の人々を啓蒙する役割も果した壁画運動は、一九五六年になって、フアン・オゴルマンらがメキシコ国立自治大学図書館の四面を飾った壁画制作に継承されて、巨大なメキシコ「歴史絵巻物」となっている（図22）。壁画運動の中心的画家リベラは、一九二八年にフリーダ・カーロ（一九〇七―五四）と結婚した。メキシコで暗殺されたトロッキーと親交のあった夫妻のことはよく知られているし、フリーダ・カーロはシュルレアリストの画家であり、夫妻とも共産党員として平穏でない結婚生活をしたが、苦痛の根本を夢想した画風「フリーダの闘い」は高い評価を受けている。

図22　メキシコ国立大学図書館（嘉幡茂 撮影）

メキシコは第二次世界大戦で中立を宣言していたが、一九四二年に枢軸国に宣戦布告している。国民革命党が、メキシコ革命党に再編されたあとに制度的革命党として結党されたのは、第二次世界大戦が終了し国際連合が発足したあとの四六年であった。カルデナス大統領のあとをアビラ・カマチョは引きついで大統領（在任一九四〇―四六）に就任し、制度的革命党になってミゲル・アレマン大統領（在任一九四六―五二）、ルイス・コルティネス大統領（在任一九五二―五八）は、「革命の進化の期間」にあたる時代に任期を全うした。また、一九四八年には「国立先住民庁」（ＩＮＩ）が設立され、先住民社会に関する研究、経済支援、二言語教育などの推進をめざし、先住民を国民と同化させていく対策と人類学研究機関として役割を果たそうとしていたが、根本的な施策は見いだせなかった。

ホセ・バスコンセロス

アルバロ・オブレゴン大統領は、国立メキシコ自治大学長を務めたホセ・バスコンセロス（一八八二―一九五九）を公教育省長官に任命（在任一九二一―二四）すると、一九一七年革命憲法の影響もあってそれまでの宗教と教会色の強い教育制度から、国家が教育の課程と普及を管理する体制への改革にのりだした。また、本書第一章一節の「消された歴史」のなかで述べた先住民と古代文明についての関心の高まりは、文学、絵画、音楽などをとおして、先住民を国民文化に融合させようとした先住民権利擁護運動（インディヘニスモ）につながった。さらに、ホセ・バスコンセロスは『ラサ・コスミカ（宇宙的人種論）』（初版一九二五年）の著作で、メスティソ文化と混血人種の優越性を主張して、メキシコ国民のアイデンティティを意識しながら、民族意識の高揚と宇宙的多民族国家の統合を図ろうとしていた。「宇宙的人種論」とは、つぎのような考えである。

ドイツ人の地球物理学者で、大陸移動説の提唱者として知られたウェゲナー（Alfred Lothar Wegener, 1880-1930）の説く、大陸の分離と人種の移動についての考えによると、かつて、ジブラルタル海峡付近に存在したとされ、一昼夜にして海中に没し去ったアトランティスという伝説上の大きな島や、その以前にインド洋に存在したと仮想された失われたレムリア大陸があったとされている。（中略）地球の地殻変動とともに、人類史のなかでまず、ギリシアでヨーロッパ大陸の白人が混血してエーゲ海文明を生み出し、続いてローマ帝国で白人の混血はローマ文明を生成した。さらに、アジア大陸ではアジアの国の人々と、アフリカ大陸では黒人と混血した。アングロサクソン系白人は北アメリカ大陸と、オーストラリアでさまざまな人種と民族の混合体を生みだし、ヨーロッパ起源の文明は伝播されたと説いた。中南米大陸では、イベリア半島の白人がアステカ王国やインカ帝国の人種と混血すると第五番目の人種になって、それまでの混血の経緯を踏まえた最も優秀な混血人種になった。

（ホセ・バスコンセロス『ラサ・コスミカ』El mestizaje 拙訳）

白人が地球上の各地で征服事業に進出すると、その地域で混血して新たな人種が誕生し、新たな文明が開花し、第五番目の人種、宇宙的人種とはメキシコのメスティソで、メキシコの国の成り立ちの基盤となって継承されているとバスコンセロスは考えた。メキシコ革命の進化とともにメスティソの国で人種論が注目されていく。

三　メキシコ革命は死んだのか

歴史的冒険

メキシコ革命のあと、この国はどのように変革されていくのだろうかと期待されていた。しかし、「知の巨人」と呼ばれた歴史家ダニエル・コシオ・ビジェガス（一八九八―一九七六）は、「メキシコ革命とは、一九一〇年にメキシコが挑んだ、ディアス政権を打倒する一つの危機に満ちた歴史的冒険であった」と言った。メキシコ革命はブルジョア民主主義革命だとする見方に、自説を述べたのであろう。オクタビオ・パスも、「メキシコ革命には思想などはない。それは現実の破裂である」と述べていたことは思い出される。冒険はたしかに挑戦することに意義を見いだす。しかしながら、ディアスの長期独裁政権に終止符を打ったマデロ革命政権は、ウエルタ将軍の反逆でたちまち瓦解し、その反革命政権も、革命精神を引き継ぐカランサに壊滅された。「歴史的冒険」というならその第一段階であった。

第二段階に入ると革命路線は、一九一七年憲法を制定して民主的な政治改革を望むカランサとオブレゴン陣営の革命路線「護憲派」は、無政府主義的で農地改革を訴えるビージャと、サパタが主張した地方自治権を優先する路線が合流した「会議派」と対立してしまった。しかし、ビージャとサパタの二人は互いに相容れない革命思想を抱いて、自陣の権力がおよぶ領域で独自に闘争を展開していく。二人は革命路線の進展段階で劣勢になると、互いに革命をいかに継続していくかを協議することはなく、ついには、革命政府主流派となった「護憲派」から敵視されて「会議派」路線は挫折した。かくして、カランサ革命政権はアメリカ合衆国とラテンアメリカ諸国から承認を取りつけると、あたかも、革命はゆるぎない展開を見せつける様相を呈した。

そのあと、アルバロ・オブレゴン（一八八〇―一九二八）が大統領に就任してラサロ・カルデナス大統領政権（在任一八三四―四〇）が終わるまでの一九二〇年から四〇年は、革命政権の「内戦の期間」となった。さらに、一九四〇年から六〇年代までは革命の「進化の期間」と考えられたが、実際は、権力闘争の形態が変容しただけであった。政党が結成されて激化する政党間の闘争をホセ・バスコンセロスが揶揄した「集団的ポルフィリオ・ディアス体制」の始まりとなり、二〇〇〇年まで擬装された権力闘争はくりかえされてきた。

メキシコ革命から一〇〇年

一九九六年には連邦選挙管理委員会（ＩＥＦ）が創設された。制度的革命党が結成された一九四六年以来の画期的なことで、政府が初めて選挙投票用紙の開票作業に干渉できなくなった。国際選挙監視委員会も組織されると、国政選挙と地方選挙で野党候補の善戦が際立ち始める。なかでも特筆すべきことは、不正な開票操作があったとされた一九八八年の大統領選で、サリナス・デ・ゴルタリ制度的革命党候補に敗北を喫し、九四年の大統領選でもエルネスト・セデージョ制度的革命党候補に敗れたクアウテモック・カルデナス（ラサロ・カルデナス元大統領の長男）が、野党候補として民主革命党（ＰＲＤ）から出馬して、九七年の首都メキシコシティ連邦特別区長官選挙に勝利したことである。同じ年の国政選挙で野党も下院議席数で初めて与党議席を上回り、メキシコの政治改革の潮流が大きく変化した。二〇〇〇年のことである。

さらに同年七月二日の大統領選挙で、国民行動党（PAN）の前グアナファト州知事の大統領候補ビセンテ・フォックスは、民主革命党（PRD）から出馬したクアウテモック・カルデナスと、与党の制度的革命党（PRI）の大統領候補の元シナロア州知事フランシスコ・ラバスティダの両者を破って当選し、野党から初めての大統領が選出された。制度的革命党の前身で一九二九年に結党された国民革命党（PNR）は七一年ぶりに野党に政権を譲ったことになる。ついに「集団的ポルフィリオ・ディアス体制」に亀裂が生じた。しかしながら、この政権奪還劇の覇者であった国民行動党（PAN）は、同党からの二人目のフェリペ・カルデロン大統領をふくめて国政の混迷時代を生み出し、斬新な国の改革はなされず、その結果、二〇一二年の大統領選挙でふたたび、制度的革命党（PRI）のペニャ・ニエト候補に政権は奪還されることになった。

制度的革命党と国民行動党の二大既成政党間の権力闘争にも終焉がきた。それは、二〇一八年七月の大統領選のときである。サリナス政権が発足した一九八八年の選挙戦と、継承したセディージョ政権が誕生した年の大統領戦に出馬して、善戦したロペス・オブラドール大統領候補が、民主革命党（PRD）から分離して結成された、新左派政党、国家再生運動党（(Movimiento Regeneración Nacional、二〇一一年現党首のロペス・オブラドールが創設した党名の通称はMORENA））から捲土重来して大統領選に挑戦したのである。モレナ（MORENA）とは、スペイン語で髪・皮膚が浅黒い人を意味する。メスティソを彷彿させる。選挙戦の最中から大統領候補者ロペス・オブラドールは、カルデナス政権（一九三六―四〇）のような急進的な社会改革を先鋭化することを主張して、その実現に向かう労働者と農民の結束を促す選挙運動は注目されていた反面、クアウテモック・カルデナス元大統領と比較対照すればするほど候補者自身のカリスマ性の欠如が問題視されていた。しかし、二大政党や他の少数政党からの立候補者を制して、二〇一八年一二月に大統領に就任した。政権の誕生から今日まで、中道左派政党の着手した政策に国内外から注目されているが、二〇二〇年から予期せぬ新型コロナウイルスが世界中で猖獗を極め、社会経済的打撃を受けたのはメキシコも例外ではなかった。そのために支持基盤の脆弱性をかかえている新政権は、寄せる期待感に見合う成果は出せていないといわれている。

しかし、メキシコ革命を断行したメスティソの国は、「レヘネラシオン」（再生）という革命精神を党是とした現政権で、「文明の重層国家」の変革をいまも、強靭に押し進めている。

あとがき

メスティソは、メキシコの歴史の根幹にある問題だとの認識はあったものの、それをテーマにして書き起こす作業はいままで手の届くものにはみえなかった。迷いながらも向き合ってみると、学んできたことが一続きになっていく感触が残り、その刺激が途切れることがなくこれまで続いてきた。本書のなかで、独立するまでの征服と植民地史の長い前史を簡略に記述した部分は短絡化していると問われるが、国の成り立ちを説明するために言及してきた。

どの国の歴史もその時代の空気を知ろうとしないかぎり、その時代の人々の姿は見えてこない。しかし時代の空気は時代とともに消え失せることもあると思い込んで、そこから人々の営みを無意識に判断してしまうときがある。メキシコの歴史を理解しようとするときに、筆者はこれまでにそんな考えを抱いたままの思考に陥ったことはあったが、そのとき、ホルヘ・ルイス・ボルヘスとオクタビオ・パスの至言を知った。本書では、スペインから蒙った征服と受容した遺産と、アメリカ合衆国やフランスから受けた侵略とその痕跡も問いかけながら、征服された国の歴史認識を考えてきたが、それを述べるときの典拠は、既刊の研究書を補完するために日本語に翻訳されていない文献に重点を移した。また、学友エンリケ・クラウセ氏をはじめ、エル・コレヒオ・デ・メヒコ（メキシコ大学院大学）で知遇を得た恩師や研究者から、最新の研究動向について示唆を与えられたことに感謝している。

筆者はこれまでに何度となくメキシコを訪問している。執筆中に各地で遭遇した人々、たとえば、チワワ州の先住民タラウマラ人、各州の都市や集落の人々、加えて、各界のメキシコの知人と友人、とくに、メキシコに定住している世代の異なる日系人や、さまざまな立場でメキシコの社会に溶けこんでいる日本人一世からは、本書を記述する段階で教示をうけた。また、エル・コレヒオ・デ・メヒコで客員教授をされた二人との出会いは忘れられない。なかでも、大江健三郎氏に会ったのは『ピンチランナー調書』の初版が出版される前ではなかったかと思う。同氏としばらくの間は滞在時期が重なったこともあり、旧学舎の喫茶ルームでコーヒーを飲みながらご家族の話を聞いたことは懐かしい。「メキシコ行きをすすめられた永井道雄氏と加藤周一氏に感謝している」と著書『グアダルーペの聖母』の「あとがき」で書いている鶴見俊輔氏とは、同氏の帰国後に、京都の岩倉で会食をしながらメキシコ滞在の回顧談を伺ったこともあった。

本書に脚注などはないが、記述の論拠や読者が抱く興味に応えるヒントは文中に示してきた。標準的な史実と解釈は、エンリケ・クラウセ著 *La presencia del pasado*（『古層の湧出』）を援用したことも記しておかなければならない。参考文献は、必ずしも本書の構成に直接は参考にしなかったものも含まれているが、いずれも読書案内として考えてもらえば幸いである。思い返せば、執筆が始まると原稿の整理と入力などの煩雑な作業が生じてきたので、そのころにお世話になったのは当時の京都ラテンアメリカ研究所の畑恵美子さんで、そのあと、原稿を一通りまとめあげた段階で目を通して助言をして下さり挿入図像などの提供も受けた嘉幡茂氏は、その頃はメキシコのラスアメリカス・プエブラ大学の准教授であった。惜しみなく協力をしていただいた両氏に厚くお礼を申しあげます。また、行路社の楠本耕之氏と編集者の村上幸生氏や、多くの方にお世話になったのでここに記して感謝の気持ちを伝えます。メキシコの現実と社会と人々について、これまで書き切れなかったことを幸いこのたび上梓することで積年の心残りを晴らすことができた。

夭折した長女、貴美にささげる

二〇二三年晩秋

大阪府三島郡水無瀬の寓居にて

大垣貴志郎

文庫。
ルイス・ハンケ
1974 『アリストテレスとアメリカンインディアン』佐々木昭夫訳、岩波書店。
ルッジェーロ・ロマノ
2011 『イタリアという「国」——歴史の中の社会と文化』関口英子訳、岩波書店。
歴史学研究会編
2008 『世界史史料7 南北アメリカ 先住民の世界から一九世紀まで』岩波書店。

ダグラス・ボッティング
2008 『フンボルト——地球学の開祖』西川治／前田伸人訳、東洋書林
田中耕太郎
1939 『ラテン・アメリカ紀行』岩波書店。
1949 『ラテン・アメリカ史概説（上・下）』岩波書店。
鶴見俊輔
1976 『グアダルーペの聖母』筑摩書房。
寺尾隆吉
2016 『ラテンアメリカ文学入門——ボルヘス、ガルシア・マルケスから新世代の旗手まで』中公新書。
西川潤
1976 『第三世界の歩み』中公新書。
原広司ほか
1984 『インディアスを〈読む〉』現代企画室。
平野千香子
2014 『フランス植民地主義と歴史認識』岩波書店。
布留川正博
2019 『奴隷船の歴史』岩波新書。
増田義郎
1978 『メキシコ革命』中公新書。
ミゲル・レオン＝ポルティーヤ編
1994 『インディオの挽歌——アステカから見たメキシコ征服史』山崎眞次訳、成文堂。
モトリニーア
1979 『ヌエバ・エスパーニャ布教史』（大航海時代叢書〔第Ⅱ期〕14）、小林一宏訳、岩波書店。
安村直己ほか編
2022 『岩波講座 世界歴史 14 南北アメリカ大陸 ～一七世紀』岩波書店
矢作俊彦
2008 『悲劇週間』文藝春秋。
山崎眞次
2015 『メキシコ先住民の反乱』成文堂。
吉岡昭彦
1995 『インドとイギリス』岩波新書。
ラス・カサス
1976 『インディアスの破壊についての簡潔な報告』染田秀藤訳、岩波

2008『物語 メキシコの歴史――太陽の国の英傑たち』中公新書。
大沼保昭／江川紹子（聞き手）
2015『「歴史認識」とは何か――対立の構図を超えて』中央公論新社。
オクタビオ・パス
1982『孤独の迷宮――メキシコの文化と歴史』高山智博／熊谷明子訳、法政大学出版局。
カール・ヴェルリンデン
1972『コロンブス』今野一雄訳、白水社。
嘉幡茂
2019『テオティワカン――「神々の都」の誕生と衰退』雄山閣。
2020『図説 マヤ文明』河出書房新社。
国本伊代
2004『メキシコの歴史』評論社。
2009『メキシコ革命とカトリック教会』中央大学出版部。
栗本英世／井野瀬久美恵編
1999『植民地経験――人類学と歴史学からのアプローチ』人文書院。
黒田悦子
2013『メキシコのゆくえ――国家を超える先住民たち』勉誠出版。
ゴードン・S・ウッド
2016『アメリカ独立革命』中野勝郎訳、岩波書店。
サアグン／コルテス／ヘレス／カルバハル
1980『征服者と新世界』（大航海時代叢書〔第Ⅱ期〕12）小池佑二訳、岩波書店。
清水透
2017『ラテンアメリカ五〇〇年――歴史のトルソー』岩波現代文庫。
ジャン・カスー
1969『1848年――二月革命の精神史』野沢協監訳、法政大学出版局。
ジョゼフ・ペレス
2017『ハプスブルク・スペイン 黒い伝説』小林一宏訳、筑摩書房。
ジョン・ロイド・スティーブンズ
2010『中米・チアパス・ユカタンの旅（上・下）』児嶋桂子訳、人文書院。
スタンレー・ロス
1977『メキシコ革命は死んだのか』中川文雄／清水透共訳、新世界社。
セプールベダ
1992『征服戦争は是か非か』（アンソロジー新世界の挑戦7）染田秀藤訳、岩波書店。

Thomas, Hugh
　1994　*La Conquista de México*. Editorial Planeta, Barcelona.
Turner, John Kenneth
　1991　*México bárbaro*. Porrúa, México, D.F.
Vasconcelos, José
　1948　*La raza cósmica,* Colección Austral, Buenos Aires.
Zoraida Vázquez, Josefina y Héctor Cuauhtémoc Hernández Silva (ed.)
　2001　*Diario histórico de México, 1822-1848 de Carlos María de Bustamante*. El Colegio de México, México, D.F.
青木康征
　1993　『完訳 コロンブス航海誌』平凡社。
アレクサンダー・フォン・フンボルト
　2001　『17・18世紀大旅行記叢書〔第Ⅱ期〕第10巻 新大陸赤道地方紀行〈中〉』大野英二郎ほか訳、岩波書店。
アンリ・ファーブル
　2002　『インディヘニスモ――ラテンアメリカ先住民擁護運動の歴史』染田秀藤訳、白水社文庫クセジュ。
飯塚浩二ほか編
　1970　『大航海時代 概説 年表 索引』（大航海時代叢書 別巻）岩波書店。
石田雄
　1973　『メヒコと日本人――第三世界で考える』東京大学出版会。
石原保徳
　2005　『大航海者たちの世紀』評論社。
エドゥアルド・ヴィヴェイロス・デ・カストロ
　2016　『インディオの気まぐれな魂』近藤宏／里見龍樹訳、水声社。
エドムンド・オゴルマン
　1999　『アメリカは発明された――イメージとしての一四九二年』青木芳夫訳、日本経済評論社。
エンリケ・クラウセ
　2004　『メキシコの百年 1810-1910――権力者の列伝』大垣貴志郎訳、現代企画室。
大井邦明
　1985　『消された歴史を掘る――メキシコ古代史の再構成』平凡社。
大垣貴志郎
　1977　「独立戦争期のメキシコ市参事会（1808-1815）」京都外国語大学『COSMICA: Area Studies』VII、59-99頁。

Prieto, Guillermo

1891 *Lecciones de historia patria escritas para alumnos del Colegio Militar*. Oficina Tipográfica de la Secretaría de Fomento, México, D.F.

1992 *Obras completas. Guillermo Prieto: compilación, presentación y notas de Boris Rosen Jélomer*. 30 volúmenes. CONACULTA, México, D.F.

Ramírez, José Fernando

2001 *Obras históricas*. 5 volúmenes. Edición de Ernest de la Torre Villar. UNAM, México, D.F.

Ramírez, Ignacio

1984 *Obras completas de Ignacio Ramírez, "El Nigromante"*. 8 tomos. Centro de Investigación Científica, México, D.F.

Riva Palacio, Vicente

1884 *México a través de los siglos. Tomo II. El virreinato. Historia de la dominación española desde 1521 hasta 1808*. Ballescá y Compañía, México, D.F.

Sahagún, Bernardino de

1938 *Historia general de las cosas de Nueva España, México*. 3 vols. Editorial Pedro Robredo, México, D.F.

Sánchez-Albornoz, Nicolas

1988 *Españoles hacia América: la emigración en masa 1880-1930*. Alianza Editorial, Madrid.

Schele, Linda, and Mary Ellen Miller

1986 *The Blood of Kings: Dynasty and Ritual in Maya Art*. Kimbell Art Museum, New York.

Sigüenza y Góngora, Carlos de

1960 *Piedad heroyca de don Fernando Cortes*. José Porrúa Turanzas, Madrid.

Sierra, Justo

1948 *Obras completas del maestro*. 17 tomos. UNAM, México, D.F.

Solórzano y Pereyra, Juan de

1774 *Política indiana*. 2 volúmenes. compañía IBERO, Madrid, 1774

Tena Ramírez, Fernando

1973 *Leyes fundamentales de México, 1808-1973*. Porrúa, México, D.F.

Iglesias, Ramón

1944 *El hombre Colón y otros ensayos.* El Colegio de México, México, D.F.

Krauze, Enrique

1994 *Siglo de caudillo.* Tusquets, México, D.F.

2005 *La presencia del pasado.* Tusquets, México, D.F.

Luis Mora, José María

1988 *Obras Completas de Luis Mora, José María: investigación, recopilación, selección y notas de Lillian Briseño Senosiain, Laura Solares Robles y Laura Suárez de la Torre.* 8 volúmenes. SEP, México, D.F.

Meißner, Jochen

1993 *Eine Elite im Umbruch.* Franz Steiner Verla, Stuttgart.

Meyer, Jean

1974 *La Cristiada.* Siglo XXI, México, D.F.

Molina Enríquez, Andrés

1978 *Los grandes problemas nacionales, 1909: y otros textos, 1911-1919.* Ediciones Era, México, D.F.

Motolinía, Toribio de Benavente

1971 *Historia de los indios de la Nueva España.* Porrúa, México, D.F.

Nueva Historia general de México

2010 El Colegio de México, México, D.F.

Ohgaki Kodama, Kishiro

1979 *Ayuntamiento de la ciudad de México 1808-1821.* Ph.D. Dissertation. El Colegio de México, México, D.F.

Orozco y Berra, Manuel

1978 *Historia antigua y de la conquista de México: con un estudio previo de Ángel Ma. Garibay K. y biografía del autor más tres bibliografías por Miguel León-Portilla.* Porrúa, México, D.F.

Pimentel, Francisco

1866 *Economía política aplicada a la propiedad territorial en México.* Imprenta de Ignacio Cumplido, México, D.F.

Poinsett, Joel R.

1973 *Notas sobre México,* Editorial Jus, México, D.F.

Prescott, William H.

1843 *History of the conquest of Mexico.* 3 vols. Harper and Brothers, Nueva York.

参考文献

Aguirre Beltrán, Gonzalo

1994 *El negro esclavo en la Nueva España: la formación colonial, la medicina popular y otros ensayos.* Fondo de Cultura Económica, México, D.F.

Alamán, Lucas

1948 *Obras completas de Lucas Alamán.* 13 tomos. Editorial Jus, México, D.F.

Bonfil Batalla, Guillermo

1987 *México profundo: una civilización negada.* Grijalbo, México, D.F.

2005 *Una Civilización negada.* Debolsillo, México, D.F.

Clavijero, Francisco Xavier

1945 *Historia antigua de México. Edición y prólogo del R. P. Mariano Cuevas.* Porrúa, México, D.F.

Durán, Diego

1967 *Historia de las Indias de Nueva España e islas de Tierra Firme.* 2 vols. Porrúa, México, D.F.

Florescano, Enrique

1969 *Precio de maíz y crisis agrícola en México, 1708-1810.* El Colegio de México, México, D.F.

García, Genaro

1990 *Crónica oficial de las fiestas del Primer Centenario de la Independencia de México.* Edición facsimilar. Centro de Estudios de Historia de México Condumex, México, D.F.

García Icazbalceta, Joaquín

1899 *Obras de don Joaquín García Icazbalceta.* 10 tomos. Imprenta de V. Agüeros, México, D.F.

Hale, Charles A.

1968 *Mexican liberalism in the Age of Mora, 1821-1853.* Yale University Press, Londres.

Humboldt, Alejandro von

1973 *Ensayo político sobre el reino de la Nueva España.* Porrúa, México, D.F.

著者紹介
大垣 貴志郎（おおがき・きしろう）
1967年京都外国語大学外国語学部イスパニア語学科卒業。スペイン・ナバラ大学大学院哲文学部歴史学科博士課程修了（Ph. D.）。エル・コレヒオ・デ・メヒコ（メキシコ大学院大学）歴史学研究科博士課程修了（Ph. D.）。メキシコ歴史学アカデミー客員、メキシコ自治工科大学（ITAM）客員教授、京都外国語大学名誉教授。専攻はラテンアメリカ史、メキシコ独立戦争史。
著書に『物語 メキシコの歴史』（中公新書）、訳書に『メキシコの百年 1810-1910』（エンリケ・クラウセ著、現代企画室）、『ロドリゴ・デ・ビベロ日本見聞記』（共訳、たばこと塩の博物館）、『ディアス・コバルビアス日本旅行記』新異国叢書第Ⅱ輯7（共訳、雄松堂書店）ほか。

メキシコ
時代の痕跡と歴史認識

2023年11月20日　初版第1刷印刷
2023年11月30日　初版第1刷発行

著　者——大垣貴志郎
発行者——楠本耕之
発行所——行路社　Kohro-sha
520-0016 大津市比叡平3-36-21
電話 077-529-0149　ファックス 077-529-2885
http://cross-media-jp.com
郵便振替　01030-1-16719
装　丁——仁井谷伴子
組　版——鼓動社
印刷・製本——モリモト印刷株式会社

ISBN978-4-87534-458-2 C0003

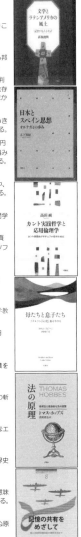

幸せをよぶコミュニケーション サップ式からエスペール法へ　谷田憲俊監訳　Ａ５判 360 頁 2400 円
死か洗礼か 異端審問時代におけるスペイン・ポルトガルからのユダヤ人追放 F.ハイマン/小岸昭、梅津真訳　A5 判 214 頁 2600 円
シモン・ボリーバル ラテンアメリカ独立の父　神代 修　A5 判上製 220 頁 2400 円
社会福祉学要論　榎本和子　四六判 212 頁 1200 円
社会福祉の理念と技法　中 久郎編　A5 判上製 228 頁（カラー口絵 6 頁）　2500 円
宗教・地域・家族 イメージの検証　古賀和則編　A5 判上製 200 頁 2500 円
宗教と政治のインターフェイス　現代政教関係の諸相　丸岡高弘・奥山倫明編　A5 判上製 288 頁 2600 円
宗教ネットワーク 民俗宗教、新宗教、華僑、在日コリアン　宗教社会学の会編　A5 判上製 364 頁 3500 円
集合的記憶（6 刷）　M. アルヴァックス／小関藤一郎訳　四六判上製 280 頁 2800 円
女性キリスト者と戦争　奥田暁子,加納実紀代,早川紀代,大里喜美子,荒井英子,出岡学　四六判 300 頁 2600 円
女性・戦争・人権　女性・戦争・人権学会編　各巻 200～250 頁　**2** 号 1800 円　**3～21** 号 2000 円
ジンメルとカント対決 社会を生きる思想の形成　大鐘 武　Ａ５判上製 304 頁 3800 円
スペイン関係文献目録　坂東省次編　B５判上製箱入り 400 頁 8000 円
スペイン語世界のことばと文化　京都外国語大学イスパニア語学科編　A５判 224 頁 2000 円
スペインと日本 ザビエルから日西交流の新時代へ　坂東省次・川成洋編　A５判 360 頁 3000 円
スペインの女性群像 その生の軌跡　高橋博幸・加藤隆浩編　A５判 348 頁 2800 円
スペイン歴史散歩 多文化多言語社会の明日に向けて　立石博高　四六判 160 頁 1500 円
スペインを訪れた日本人 エリートたちの異文化体験　坂東省次　A５判上製 336 頁 2600 円

●行路社：社会科学系 520-0016 大津市比叡平 3-36-21 ph.077-529-0149 fax.077-529-2885 http://kohrosha-sojinsha.jp/

ア

亜空間 日常に潜むもう一つの空間　秋岡久太　四六判上製 264 頁 2000 円（**価格は本体。以下同じ**）
アメリカ研究統合化の役割としての「映画」　宮川佳三編　A5 判上製 248 頁 2400 円
ある英国人のみた明治後期の日本の教育　W. H. シャープ／上田学訳　A5 判上製 380 頁 5000 円
「生きる力」を語るときに教師たちの語ること　濱元伸彦　A5 判上製 200 頁 2000 円
海に生きる漁民　益田庄三　A5 判上製 490 頁 5000 円
近江商人の里・五個荘 その伝統と現在　口羽益生編　A5 判上製 288 頁 3000 円
エルンスト・トレルチと歴史的世界　竹本秀彦　四六判上製 320 頁 2800 円
「教える」ことと「育てる」こと　教育の基礎論的考察　高井薫　A5 判上製 280 頁 2500 円　（3刷）

カ

柏木義円日記　飯沼二郎・片野真佐子編　A5 判 572 頁 5000 円　（2刷）
柏木義円日記補遺 付・柏木義円著述目録　片野真佐子編　A5 判上製 348 頁 3000 円
柏木義円書簡集　片野真佐子編・解説　A5 判上製 604 頁 5000 円
柏木義円史料集　片野真佐子編・解説　A5 判上製 468 頁 6000 円
環境倫理の課題　新たなコスモロジーの探求　プロセス研究シンポジウム　四六判 128 頁 1500 円
観光の構造　その人間的考察　高井薫　四六判上製 212 頁 1800 円　（2刷）
記憶の共有をめざして　第二次世界大戦終結 70 周年を迎えて　川島正樹編　A5 判上製 536 頁 4500 円
キャンベラの社会学的研究　野辺政雄　A5 判上製 380 頁 5000 円
僑郷 華僑のふるさとをめぐる表象と実像　川口幸大・稲澤努 編　A5 判上製 320 頁 3000 円
僑郷 華南 華僑・華人研究の現在　可児弘明編　A5 判上製 244 頁 2500 円
漁村社会の史的展開　益田庄三　A5 判上製箱入り 総 1770 頁　**上巻** 6200 円　**中巻** 6200 円　**下巻** 6800 円
近現代世界における文明化の作用　「交域」の視座から考える　大澤広晃・高岡佑介編　A5 判上製 200 頁 2200 円
近現代日本の教養論 1930 年代を中心に　渡辺かよ子　A5 判上製 264 頁 2500 円
近代科学と芸術創造 19～20 世紀のヨーロッパにおける科学と文学の関係　真野倫平編　A5 判上製 456 頁 4000 円
グローバル化時代のブラジルの実像と未来　富野幹雄 編　A5 判上製 272 頁 2500 円
現代家族の変貌 国際比較による総合的研究　中 久郎 編　A5 判上製 514 頁 5000 円
現代韓国の家族政策　伊藤公雄・春木育美・金 香男編　A5 判上製 248 頁 2500 円
現代中国社会の変動と中国人の心性　富田和広　A5 判上製 136 頁 1800 円　（2刷）
現代中国の底流 増補新版　痛みの中の近代化　橋本満・深尾葉子編訳　A5 判上製 524 頁 4000 円
交差する眼差し ラテンアメリカの多様な世界と日本　浅香幸枝 編　A5 判上製 304 頁 2800 円
高齢者の社会参加活動と福祉サービス　榎本和子　四六判 206 頁 2500 円
高齢者の小規模居住に対する福祉サービス　榎本和子　四六判上製 168 頁 1300 円
黒龍潭 ある中国農村の財と富　羅 紅光　A5 判上製 326 頁 3500 円
ことばと国家のインターフェイス　加藤隆浩編　A5 判上製 376 頁 2800 円
子どもの生活問題と福祉　榎本和子　四六判 144 頁 1500 円
コミュニケーションをデザインする　中 久郎 編　A5 判上製 320 頁 2500 円
コミューンと宗教　一燈園・生駒・講　村田充八　A5 判上製 280 頁 3000 円
これは教育学ではない 教育詩学探求　鈴木晶子編　四六判 224 頁 2000 円

サ

「政治哲学」のために　飯島昇藏・中金聡・太田義器　A5判上製 392頁 3500円
誠意が問われるとき 困難な時代をいかに共生するのか　A. ハッケ／田村萬里、山本邦子訳　四六判上製 160頁 1600円
政治と宗教のはざまで ホッブズ、アーレント、丸山真男、フッカー　高野清弘　A5判上製 304頁 2000円
精神保健福祉士の実践と養成教育 〈自分らしく生きる〉を支援する　金田知子・岩田泰夫編　四六判 294頁 1300円
聖と品と俗 宗教社会学論考　高橋憲昭　A5判上製 208頁 3000円
「1968 年」再訪 「時代の転換期」の解剖　藤本博 編　A5判 328頁 3000円
戦時下の日本 昭和前期の歴史社会学　戦時下日本社会研究会編　A5判上製 360頁 3500円
先住民、アジア系、アカディアン 変容するカナダ多文化社会　森川眞規雄編　A5判上製 284頁 3000円

タ・ナ

大学と学問の再編成に向けて　加藤泰史編　A5判上製 296頁 2800円
タンタロス・コンプレックス 否定性の深層心理　塚本嘉壽　四六判上製 236頁 2000円
地域表象過程と人間 地域社会の現在と新しい視座　寺岡伸吾　A5判上製 312頁 2500円
地球時代の「ソフトパワー」 内発力と平和のための知恵　浅香幸枝編　A5判上製 368頁 2800円
知的公共圏の復権の試み　高野清弘・土佐和生・西山隆行編　A5判上製 354頁 3000円
中国社会学史　韓明謨／星 明訳　A5判上製 264頁 3200円
中国と台湾の社会学史　星 明　A5判 246頁 2000円
対馬の漁村 日韓共同研究　益田庄三編　A5判上製 384頁 5000円
ディープ・コミュニケーション 出会いなおしのための「臨床保育学」　今村光章　四六判 268頁 1800円
デュルケーム宗教社会学論集　E. デュルケーム／小関藤一郎・山下雅之訳　A5判上製 300頁 3500円
デュルケームドイツ論集　E. デュルケーム／小関藤一郎・山下雅之訳　A5判上製 318頁 3500円
デュルケムによる教育の歴史社会学 「秩序」の交替と「人間類型」の変遷　古川 敦　A5判上製 448頁 5000円
デュルケムの教育論　J-C. フィユー編　古川 敦訳　A5判上製 274頁 3000円
南米につながる子どもたちと教育 複数文化を「力」に変えていくために　牛田千鶴編　A5判上製 264頁 2600円
日韓漁村の比較研究 社会・経済・文化を中心に　益田庄三編著　A5判上製 742頁 7200円
認知の発生と発達　大野晋一編著　A5判上製 256頁 2000円
農村生産集団成立過程の研究　平田順治　A5判上製 552頁 6000円

ハ・マ・ヤ・ラ

ピアジェ 晩年の思想　三嶋唯義　四六判上製箱入り 200頁 1600円
比較教育行政試論 新版　高木英明　A5判 272頁 2500円
ヒトラーに抗した女たち その比類なき勇気と良心の記録　M・シャート／田村万里・山本邦子訳　A5判 360頁 2500円
フェミニストカウンセリング研究 17-18号　日本フェミニストカウンセリング学会編　A5判 200頁前後 1800円
フランス教育思想史　E. デュルケーム　小関藤一郎訳　四六判上製 710頁 5000円　（3刷）
フランス工業化の社会学　小関藤一郎　四六判上製 208頁 1800円
ベガ・インクラン スペイン・ツーリズムの礎を築いた人　ビセンテ・トラベル・トマス／小川祐子訳　A5判 240頁 2800円
ヘルムート・シュミット対談集 回顧から新たな世紀へ　田村万里・山本邦子訳　A5判上製 200頁 2000円
法の原理 自然法と政治的な法の原理　トマス・ホッブズ／高野清弘訳　A5判上製 352頁 3600円
ホスピス入門 その全人的医療の歴史,理念,実践　日本ホスピス・在宅ケア研究会編　四六判 264頁 2100円
…トヘッドと教育の課題　プロセス研究シンポジウム編　四六判上製 188頁 1500円
…ヘッドと文明論　プロセス研究シンポジウム編　四六判上製 220頁 1500円

創造の意味　ベルジャーエフ／青山太郎訳　四六判 568 頁 4500 円

■「この書物は私の疾風怒濤の時代にできたものである。これはまた、比類のない創造的直感のもとで書き下されたものだ」

共産主義とキリスト教　ベルジャーエフ／峠尚武訳　四六判 352 頁 4000 円

■「キリスト教の価値……」「キリスト教と階級闘争」「ロシア人の宗教心理……」など、彼の〈反時代的考察〉７本を収録。

ベルジャーエフ哲学の基本理念　実存と客体化　R.レスラー／松口春美訳　四六判３３６頁２５００円

■第１部：革命前におけるベルジャーエフの思想的変遷——実存と客体化にかかわる重要なテーマを提示するとともに、その思想的基盤をも概観する。第２部：ベルジャーエフの中期および後期著作における客体化思想の基礎づけ

柏木義円日記　飯沼二郎・片野真佐子編・解説　Ａ５判 572 頁 5000 円

■日露戦争から日中戦争にいたるまで終始非戦・平和を唱え、韓国併合、対華政策、シベリヤ出兵、徴兵制等を厳しく批判、足尾の鉱毒、売娼問題、朝鮮人、大杉栄の虐殺、二・二六や国連脱退等にも果敢に論及した柏木義円の日記。

柏木義円日記　補遺　付・柏木義円著述目録　片野真佐子編・解説　Ａ５判 348 頁 3000 円

■第一次大戦参戦期、天皇制国家の軍国主義・帝国主義の強化推進の現実と対峙し、自己の思想をも厳しく検証する。

柏木義円書簡集　片野真佐子編・解説　Ａ５判 572 頁 5000 円

■日常生活の中での非戦論の展開など、その筆鋒は重厚な思想とその見事な表現に充ちている。また、信仰をめぐる真摯な議論、

柏木義円史料集　片野真佐子 編 解説　Ａ５判 464 頁 6000 円

■激しい時代批判で知られる柏木義円はまた、特に近代天皇制国家によるイデオロギー教育批判においても、他の追随を許さないほどに独自かつ多くの批判的論考をものした。

倫理の大転換　スピノザ思想を梃子として　大津真作　Ａ５判 296 頁 3000 円　■『エチカ』が提起する問題／神とは無限の自然である／神の認識は人間を幸せにする／精神と身体の断絶／観念とその自由／人間の能力と環境の変革について 他

ホワイトヘッドの宗教哲学　山本誠作　四六判２５０頁１８００円　■主としてホワイトヘッド晩年の宗教哲学思想に焦点を当てつつ、多方面にわたる彼の研究活動の全体像に迫るべく意図された先駆的労作。

ホワイトヘッドと文明論　松延慶二 編　四六判 220 頁 1500 円

■近代文明の生態学的危機と有機体の哲学/転機に立つ現代文明/ホワイトヘッドの文明論とシステム哲学/ホワイトヘッド と現代哲学/ほか

ホワイトヘッドと教育の課題　鶴田孝編　四六判 188 頁 1500 円

■ワイトヘッドの教育観/有機体哲学的教育論/教育が目指すもの/普遍的な思想と現実の世界/思弁哲学と教育論/生涯教育論/ほか

初 夜 の 歌　ギュンター詩集　小川泰生訳　Ｂ４判変型 208 頁 4000 円

■生誕３００年を迎えて、バロック抒情詩の夭折の詩人ギュンター（１６９５－１７２３）の本邦初の本格的紹介。

私 Ich　ヴォルフガング・ヒルビヒ／内藤道雄訳　四六判 456 頁 3400 円

■ベルリンという大年増のスカートの下、狂った時計の中から全く新しい「私」の物語が生れる。現代ドイツ文学の最大の収穫！

ネストロイ喜劇集　ウィーン民衆劇研究会編・訳　Ａ５判 692 頁 6000 円

■その生涯で８３篇もの戯曲を書いて、１９世紀前半のウィーンの舞台を席巻したヨーハン・ネストロイの紹介と研究

アジアのバニーゼ姫　Ｈ・Ａ・ツィーグラー／白崎嘉昭訳　Ａ５判 556 頁 6000 円

■新しい文学の可能性を示す波瀾万丈、血沸き肉躍るとしか形容しようのない、アジアを舞台にしたバロック「宮廷歴史小説」

テクストの詩学　ジャン・ミイー／上西妙子訳　Ａ５判 372 頁 3500 円

■文学が知と技によるものであることを知る時、読者は、文学的エクリチュールの考察、すなわち詩学の戸口に立っている。

棒きれ木馬の騎手たち　Ｍ・オソリオ／外村敬子 訳　Ａ５判 168 頁 1500 円　■不寛容と猜疑と覇権の争いが全ヨーロッパをおおった十七世紀、子どもらによる〈棒きれ木馬〉の感動が、三十年に及ぶ戦争に終わりと平和をもたらした。

音楽のリパーカッションを求めて　アルチュール・オネゲル《交響曲第３番典礼風》創作　生島美紀子　Ａ５判 204 頁 2200 円　■フランス六人組の一人としても知られるオネゲルの没後半世紀…日本における初の本格的研究書

現代スイス文学三人集　白崎嘉昭・新本史斉訳　四六判 280 頁 2800 円

■二〇世紀スイス文学を代表するヴァルザー『白雪姫』ブルクハルト『鹿狩り』『こびと』フリッシュ『学校版ウィリアム・テル』

日本の映画　ドナルド・リチー／梶川忠・坂本季詩雄訳　四六判 184 頁 1600 円

■日本映画史を、映写機の輸入された１９世紀後半から１９８０年代まで撮影スタイルや表現方法を中心に解説する。

宮沢賢治　銀河鉄道と光のふぁんたじあ　大石加奈子　四六判 168 頁 1800 円

■『銀河鉄道の夜』に潜む意外な科学性を明らかにするとともに、まったく新しい視点からファンタジックに分け入る独創。

みんな、同じ屋根の下　サンセット老人ホームの愉快な仲間たち　R.ライト／堀川徹志訳　四六判240頁1800円　■「…老人たちの記憶や妄想が縦横無尽に交錯する世界、その豊かさゆえに日々がいつもドラマチックでおかしい」（朝日新聞）

若き日のアンドレ・マルロー　盗掘、革命、そして作家へ　柏倉康夫　四六判 240 頁 1900 円

■「征服」から始まった西と東の関係は協調と連帯へ発展するのか、また二つの文化とどう交るのかは彼の生涯テーマであった。